HENNING MANKELL

Le chat qui aimait la pluie

Traduit du suédois par
AGNÉTA SEGOL
avec le concours du Centre national du livre

illustrations de
RAPHAÈLE GALÉA

Castor Poche Flammarion

Henning Mankell, l'auteur, est né à Stockholm, en Suède, en février 1948, mais son esprit assez aventureux l'a conduit en Afrique, il vit actuellement au Mozambique. Il est le père d'un jeune garçon qui, précise-t-il, aime beaucoup lire.

Henning Mankell écrit pour les enfants depuis longtemps, mais il écrit également pour les adultes et est à l'occasion metteur en scène de théâtre.

Pour écrire, Henning Mankell observe ce qui se passe autour de lui et s'en inspire. C'est ainsi qu'il a constaté que les chats et les enfants s'entendent souvent à merveille, et il a eu envie d'en faire une histoire...

Agneta Ségol, la traductrice, vit en Normandie où elle enseigne le suédois et le français. Elle a fait ses premières traductions pour permettre à ses enfants et à leurs amis de connaître des livres qu'elle avait envie de partager avec eux.

« Le suédois est ma langue maternelle et ma langue de référence, mais je vis en France depuis longtemps et considère aussi le français comme ma langue. J'ai cependant demandé à une amie, Pascale Brick-Aïda, de me prêter son œil critique. Elle a relu cette traduction et ses conseils m'ont été précieux. »

Raphaèle Galéa l'illustratrice, est née en 1970 à Charlieu, une petite ville de la Loire. Après des études de dessin à l'école Émile Cohl, elle partage maintenant son temps entre la création textile et l'illustration.
« J'ai aimé l'histoire de Nuit, parce qu'elle m'a rappelé les journées entières passées avec mes frères à chercher notre chat dans tous les coins et recoins de la maison. »

Le chat qui aimait la pluie :
Luc a reçu un chaton pour son sixième anniversaire, un chaton tout noir, il s'appellera Nuit ! Très vite, Luc sait que Nuit sera son meilleur ami, pour toujours. Mais Nuit disparaît, et pour Luc commence une très longue attente.

Chapitre 1

Luc se réveilla en sursaut.

Il ouvrit les yeux. Sa chambre était plongée dans une obscurité presque totale. Comme il avait encore peur du noir, sa mère lui laissait toujours une lampe allumée. Luc jeta un coup d'œil sur le vieux réveil posé par terre à côté de son lit. Il avait encore du mal à lire l'heure, mais il eut l'impression qu'il était cinq heures, ce qui était beaucoup trop tôt. Rien ne se passerait avant sept heures. Furieux, il remonta la couverture au-dessus de sa tête et essaya de se rendormir, en vain. Il n'avait plus du tout sommeil et trouvait très pénible de rester au lit. Être obligé d'attendre deux heures que les choses commencent quand c'est votre anniversaire et que vous allez avoir six ans, c'est vraiment difficile !

Il chercha à deviner ce qu'il aurait en cadeau. L'an passé, pour ses cinq ans, il était sûr que ses parents allaient lui offrir une petite boîte à outils qu'il avait repérée dans une vitrine. C'était ce qu'il avait demandé. La veille de son anniversaire son père avait rapporté un paquet, et à entendre le bruit qu'il faisait, Luc avait conclu qu'il contenait bien la boîte à outils. Cependant il avait fait semblant de ne pas avoir compris.Une surprise doit rester une surprise même si vous avez réussi à découvrir son secret. Mais cette année, il ne savait pas. Le problème, c'est qu'il avait demandé tant de choses différentes qu'il n'avait pas réussi à faire son choix. C'était sans doute pour ça qu'il s'était réveillé si tôt. De peur qu'on lui offre quelque chose qu'il ne souhaitait pas.

Tandis que ses pensées se bousculaient dans sa tête, il battait la mesure avec ses doigts contre le papier peint bleu et blanc décoré de bateaux à voile.

Il se dit que c'était important d'avoir six ans. Cela signifiait surtout que son grand frère, Markus, mais que l'on n'appelait jamais autrement que Tourbillon, avait maintenant le double de son âge.

Luc se mit à rire dans son lit. Si Tourbillon avait le double de son âge, il aurait dû aussi avoir le double de sa taille. Alors il aurait dû mesurer plus de deux mètres ! Et ses yeux auraient dû être deux fois plus gros que les siens. Gros comme des soucoupes. Il aurait dû aussi avoir le double d'yeux. Quatre au lieu de deux ? Non, c'était une idée stupide même si elle était amusante. Tourbillon n'aurait sûrement pas apprécié que Luc l'imagine avec quatre yeux. Il se mettait facilement en colère, Tourbillon, surtout contre Luc. Il fallait toujours faire attention à ce que l'on disait et faisait.

Les pensées poursuivirent leur danse

dans sa tête. Elles s'intéressaient maintenant au père de Luc, qui était chauffeur de poids lourd. Quand il rentrait, il sentait souvent l'étable. Luc savait alors qu'il avait transporté à l'abattoir des cochons ou des veaux. Parfois son odeur était tout autre.

Le soir, quand son père revenait du travail, Luc cherchait toujours à deviner ce qu'avait contenu son camion. Il reniflait sa salopette accrochée dans le garage et, pour vérifier s'il avait réussi à trouver, il allait ensuite voir son père qui attendait, allongé devant la télé, que le dîner soit prêt. Parfois il avait raison, parfois complètement tort. Hier il avait eu tort. Luc avait remarqué que son père sentait l'huile et l'essence et il avait supposé qu'il avait fait des livraisons dans les stations-service. Mais il s'était trompé. Si son père sentait l'huile c'était parce que son camion était tombé en panne et qu'il avait dû passer du temps sous le capot pour réparer le moteur.

Le père de Luc s'appelait Axel. Axel Johanson, c'est pourquoi Luc se nommait également Johanson.

– Axel Johanson et Luc Johanson, lança Luc d'une voix claire, droit devant lui, couché dans son lit, en tambourinant toujours contre le papier peint. Mais il fit quand même attention à ne pas parler trop fort pour ne pas réveiller sa mère. Il ne voulait pas qu'elle s'aperçoive qu'il n'arrivait plus à dormir.

Ses pensées se tournèrent immédiatement vers elle. Elle s'appelait Béatrice Aurore et était bien plus jeune qu'Axel. D'ailleurs elle était totalement différente de lui. Alors qu'Axel était grand, costaud et avait une grosse voix, Béatrice était petite, menue, et s'exprimait de façon très discrète. On avait souvent l'impression qu'elle chuchotait. Axel partait avec le camion très tôt le matin et ne rentrait qu'à cinq heures du soir. Béatrice passait toute la journée à la maison, elle ne s'absentait que pour faire les courses.

Elle s'occupait de la cuisine et du ménage. Parfois elle repeignait une vieille chaise achetée dans quelque salle des ventes au cours de l'été. Luc n'avait jamais compris pourquoi elle aimait tant repeindre les vieilles chaises. Axel non plus probablement, mais il ne le disait pas.

Luc trouvait que ses parents étaient très bien. C'était surtout ça qui était bien : le fait qu'ils soient deux. Il avait de nombreux amis qui n'avaient qu'un seul parent. Quand on en a deux, on peut poser la même question deux fois. Si l'un dit non, on peut toujours s'adresser à l'autre. Il y a une chance pour que la réponse soit positive. C'est la même chose quand on vous interdit de sortir après la tombée de la nuit. Si sa mère disait non, Luc posait la question à son père. L'expérience lui avait appris que le meilleur moment pour demander des choses délicates à sa mère, c'était quand elle repeignait une vieille chaise. Ça la mettait presque toujours de bonne humeur et Luc savait que la plupart du temps elle ne faisait même pas attention à la question. Il fallait surtout éviter de lui demander quelque chose quand Axel était absent, car alors elle refusait tout. Il était bien plus difficile de connaître les moments propices pour se taire ou pour poser des questions quand il s'agissait de son père. Il était même capable de refuser ce qu'il avait déjà accepté.

Les parents, c'est parfois pénible, se dit Luc, mais avoir un frère plus âgé, c'est bien plus pénible encore. Luc n'aimait pas l'idée que Tourbillon était son aîné et cela pour toujours. Quelle que soit la taille de Luc et quel que soit son âge, Tourbillon serait toujours plus vieux que lui. C'était une injustice que l'on ne pourrait jamais changer.

Luc se dressa dans son lit. Il jeta un nouveau coup d'œil au réveil.

– Avancez plus vite, dit-il aux aiguilles. Courez donc !

Mais elles ne bougèrent pas plus rapidement pour autant.

Il fallait faire quelque chose pour qu'il soit enfin sept heures. Peut-être pourrait-il s'introduire doucement dans la chambre de ses parents et avancer les aiguilles de leur réveil ? Non, ils s'en apercevraient. Son père n'aimait pas se lever plus tôt que nécessaire.

Luc s'allongea de nouveau dans son

lit et se remit à penser à Tourbillon. Il y avait encore une injustice : son frère avait un surnom alors que lui ne s'appelait que Luc. Il ne savait pas qui avait commencé à l'appeler Tourbillon. C'était comme ça depuis toujours. Tourbillon était réellement un tourbillon. Il ne restait jamais en place. Quand il était à table, il n'arrêtait pas de bouger. Mais Luc se dit que la vraie raison, c'était peut-être parce qu'il était très fort en planche à roulettes. Il avait bien essayé d'apprendre à Luc à faire de la planche, mais c'était difficile et Tourbillon, manquant de patience, s'énervait rapidement.

Luc se dit qu'il n'arriverait jamais à faire de la planche aussi bien que son frère. Il fallait qu'il trouve un autre domaine où il pourrait réussir. Mais lequel ? Il l'ignorait et, comme il était surtout préoccupé par son cadeau d'anniversaire, il ne parvenait pas à approfondir cette idée. Il regarda de nouveau le réveil. Encore toute une heure avant que ses parents ne se réveillent !

Qu'avaient-ils bien pu lui acheter ? Il avait demandé de nouveaux patins à glace et un jeu électronique, mais ce ne serait sûrement pas ça. Pourvu qu'ils ne lui aient pas acheté de vêtements ! C'était nul comme cadeau. Impossible de s'amuser avec des vêtements.

Tout ce que les parents estimaient utile, ça ne pouvait être que des cadeaux ratés. Comme une nouvelle lampe de chevet ou bien une chaise. Ou pire encore : un tapis !

Et si c'était un tapis ! Jamais il ne pourrait faire semblant d'être content !

Chaque matin, au réveil, il aurait sous les yeux ce tapis utile, qui ne pourrait servir à rien d'autre. Les tapis achetés par les parents ne volent jamais. Ils sont tout simplement posés par terre et avec un peu de chance, on peut même se prendre les pieds dedans et se cogner la tête !

Soudain Luc fut persuadé que ce serait un tapis. Il en devint tellement certain que rien que d'y penser le rendit furieux. Impossible de faire un échange. Qui parmi ses amis aimerait avoir un tapis ? Et Tourbillon se moquerait de lui, bien sûr.

– C'est injuste, dit Luc à voix haute. Je ne veux pas d'un tapis.

Il pensa encore une fois à Tourbillon, parce qu'il y avait bien d'autres injustices. On fêtait l'anniversaire de Tourbillon en plein été, quand on pouvait se tenir dans le jardin. Pourquoi fallait-il que le sien soit au mois de mars, quand il faisait froid et que tout était trempé ? On ne peut pas rester dehors quand il neige ou quand il pleut !

On devrait avoir le droit de décider certaines choses soi-même, se dit Luc, comme par exemple la date de son anniversaire, son nom et en quoi on serait doué.

Voilà ce qu'il demanderait pour l'année prochaine : changer la date de son anniversaire !

Il regarda encore une fois l'heure. Les aiguilles avaient à peine bougé.

Le temps avançait avec une lenteur décourageante.

Puis, sans s'en rendre compte, il se rendormit.

Il n'entendit pas le réveil sonner dans la chambre de ses parents. Il ne se réveilla que lorsqu'on alluma la lumière dans sa chambre : ils étaient tous là à chanter pour lui.

Et il eut enfin son cadeau !

Chapitre 2

Luc fut d'abord déçu.

Il s'était réveillé parce que ses parents avaient pénétré dans sa chambre et qu'ils étaient en train de chanter. Mais entre eux deux était posé un carton tout ordinaire, même pas enveloppé dans du papier cadeau, ni entouré de ficelle. Ça ressemblait à une de ces boîtes où l'on range les vieilles chaussures dans le garage. Sa mère tenait un plateau avec un gâteau décoré de six bougies allumées, mais ça ne changeait pas grand-chose. Luc ne quittait pas le carton des yeux. Pour quelle raison lui offrait-on une boîte de vieilles chaussures pour son anniversaire ? Ses lèvres se mirent à trembler et il sentit quelque chose de chaud monter derrière ses yeux. Il ne voulait pas pleurer, il ne voulait pas montrer sa déception. Papa pourrait se mettre en colère. Il n'aimait pas que l'on soit triste inutilement, avait-il l'habitude de dire. Luc se demanda pourquoi Tourbillon n'était pas avec eux. Était-il en train de dormir alors que c'était l'anniversaire de son petit frère ? Ce jour important où il aurait le double de l'âge de Luc ? Mais au moment même où cette pensée lui traversa l'esprit, Tourbillon entra dans la chambre. Il avait l'air encore tout endormi et n'avait enfilé qu'un seul chausson.

– Allez, on chante encore, dit Axel d'une voix tonitruante.

Et il entonna la chanson d'anniversaire avec une telle force que les carreaux se mirent à trembler. On entendait à peine Béatrice, mais on voyait qu'elle remuait les lèvres. Et elle souriait. Luc se dit qu'il n'était pas possible que le carton contienne des chaussures.

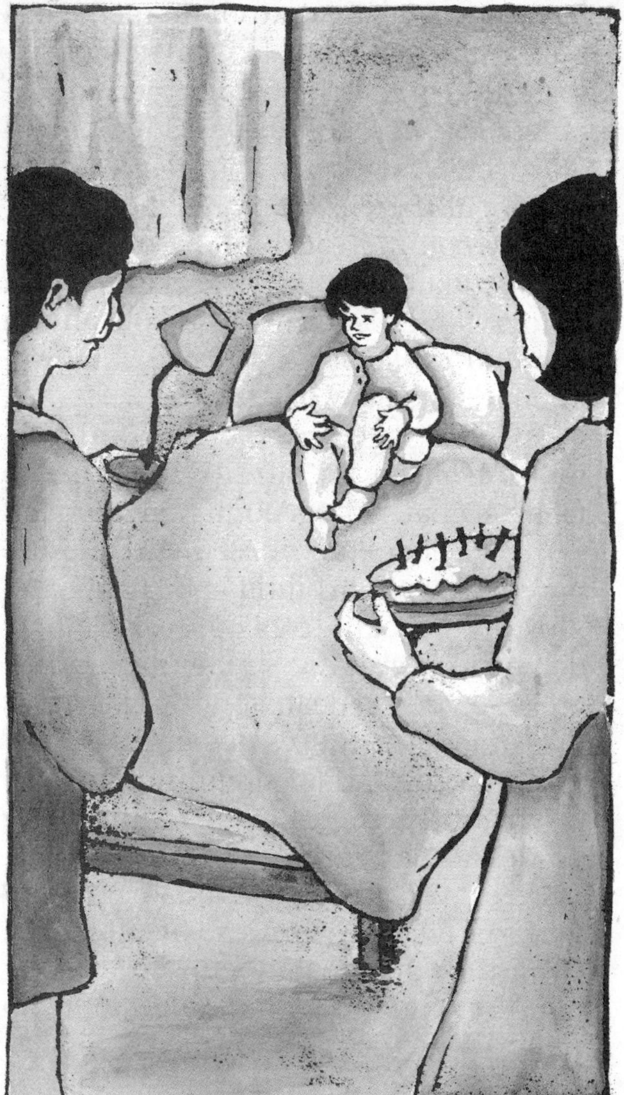

Ses parents n'étaient tout de même pas méchants à ce point-là. Mais en observant Tourbillon, il fut de nouveau inquiet. Lui ne chantait pas du tout. Il était seulement là à regarder Luc, un sourire aux lèvres. Personne ne pouvait sourire comme Tourbillon. Son sourire vous rendait furieux, triste et angoissé à la fois. Il était sûrement au courant du contenu de la boîte. Il savait que c'étaient de vieilles chaussures.

Luc envisagea même de quitter la maison. Si on lui offrait une paire de vieilles chaussures pour son anniversaire, ça signifiait forcément que ses parents et Tourbillon ne l'aimaient plus. Et si c'était le cas, il ferait mieux de partir. Il irait dans un endroit où on offre de vrais cadeaux enveloppés dans du papier et entourés de ficelle.

Tout à coup, Luc entendit un bruit.

Un tout petit bruit qui s'était élevé au-dessus de la grosse voix de son père.

Qu'est-ce que ça pouvait bien être ? Une fois encore le bruit se fit entendre ! On aurait dit quelque chose qui couinait. Et soudain, au moment même où la chanson se terminait, le carton commença à bouger. Il se mit à sauter et le couvercle fut secoué comme celui d'une casserole remplie d'eau bouillante.

Luc fixait la boîte. Il n'y avait pas de chaussures dedans. Il y avait quelque chose qui remuait. Et tout à coup une ombre toute noire sortit de la boîte. C'était quoi ? D'abord Luc ne distingua pas très bien. Puis il comprit que c'était une patte. Une patte noire. Quand celle-ci fut suivie par une tête, il réalisa que c'était un chat. Un chat pour son anniversaire ! Un chat tout noir qui était en train de se dégager de la boîte. Il sauta par terre et regarda Luc en couinant.

Puis il fit pipi sur le pied d'Axel.

– Il faut que tu t'arranges pour le rendre propre, dit Axel en riant. Il a besoin d'une caisse remplie de sable pour faire pipi. Bon anniversaire, Luc !

– Bon anniversaire, ajouta Béatrice. (C'était toujours comme ça dans la famille de Luc. Axel s'exprimait d'abord, puis Béatrice répétait ce qu'il avait dit.)

– Il ne faut pas qu'il aille dans ma chambre, dit Tourbillon d'un ton sévère. Je ne veux pas qu'il abîme mes affaires.
– Mon chat n'abîme jamais rien, répondit Luc, vexé. D'ailleurs il n'a pas du tout envie d'aller dans ta chambre.

Tourbillon s'apprêtait à répondre quand Axel leva la main.
– Arrêtez de vous chamailler ! On va fêter l'anniversaire maintenant. On va manger le gâteau.

Luc fit à peine attention au gâteau, tellement il était occupé à regarder le chaton qui s'était mis à explorer sa chambre. Il entrait sous le lit pour réapparaître derrière la commode. De temps en temps, il couinait et Béatrice expliqua que c'était sans doute parce qu'il cherchait sa mère.
– Te voilà maman chatte à présent, dit Tourbillon, content de lui.

Luc ne répondit pas. Mais il décida d'apprendre au chaton à grogner quand Tourbillon raconterait des bêtises.

En réalité, il se moquait pas mal de ce que Tourbillon pouvait bien dire à ce moment-là. Ce qui venait de lui arriver était tellement extraordinaire qu'il avait du mal à réaliser. Était-ce réellement vrai ? Mais oui, c'était vrai. Il avait un petit chaton. Il avait pourtant cru qu'il n'aurait jamais un animal à lui. Quand il en avait parlé, son père avait répondu que c'était beaucoup trop compliqué et qu'il fallait être grand pour pouvoir prendre soin d'un chat ou d'un chien. Luc avait alors perdu tout espoir. En général, quand son père avait cette voix décidée, il n'y avait rien à faire, et pourtant, il l'avait eu ! Un petit chat tout noir !

– Comment s'appelle-t-il ? demanda Luc.

– C'est à toi de lui trouver un nom, répondit Axel.

– Pourvu que ce ne soit pas une femelle, dit Tourbillon. Elle risquerait de faire plein de petits.

– C'est un mâle, trancha Axel. Au fait, ce n'est pas l'heure pour toi d'aller à l'école ?

Tourbillon disparut dans sa chambre sans répondre et Luc fut bien soulagé

de le voir partir. Il était parfois très pénible, Tourbillon.
– Et alors, demanda Axel. Qu'en dis-tu ?
– Merci, répondit Luc. Merci beaucoup.
– Il ne faut pas que tu oublies que tu as un chat maintenant, dit Béatrice. Il faut lui donner à manger tous les jours, il faut jouer avec lui. Et changer le sable de sa caisse. Tu es grand, maintenant, Luc, tu as six ans.
– Je vais m'en occuper, promit Luc.
– Il faut que j'y aille, dit Axel. Qu'as-tu pensé, quand tu nous as vus avec ce vieux carton ?
– J'ai cru que j'aurais une paire de vieilles chaussures.

Axel lui fit un clin d'œil.

– J'ai bien vu que tes lèvres commençaient à trembler. Mais tu n'imaginais tout de même pas qu'on t'offrirait de vieilles chaussures ?
– Tu n'imaginais tout de même pas ça, répéta Béatrice.

Ils quittèrent la chambre et Luc se retrouva seul avec son chat pour la première fois.

Il souleva le petit animal qui se mit à couiner avant de commencer à jouer avec les boutons de sa veste de pyjama.

À ce moment-là Luc sut qu'il aimait son chat. Il s'était souvent demandé ce que cela voulait dire « aimer quelqu'un ». Maintenant il le savait. Il aimait ce chat, noir comme la nuit. Il n'avait même pas osé rêver d'un cadeau comme celui-là !

Il fut interrompu par Tourbillon qui ouvrit brutalement la porte.

– Il n'a pas le droit d'entrer dans ma chambre. Ne l'oublie pas !

– Il faut que tu frappes, dit Luc. Regarde, tu lui as fait peur !

– Un chien, ç'aurait été mieux, décréta Tourbillon en claquant la porte.

Luc comprit qu'en fait Tourbillon était jaloux. Tant mieux. Comme ça Tourbillon savait ce que c'était. En général c'était Luc qui était jaloux, puisque Tourbillon avait le droit de faire tellement plus de choses que lui. C'était son tour maintenant.

Ce jour-là Luc prit conscience qu'il s'était produit un grand changement dans sa vie. Avoir un chat dont on est responsable est à la fois beau et important. Il fallait commencer par lui donner un nom. Comment pouvait-on appeler un chat qui est tout noir ? D'abord il se dit que ce serait bien qu'il s'appelle comme lui, Luc. Ce serait pratique quand ses parents les appelleraient. Ils viendraient tous les deux. Mais si c'était Tourbillon qui appelait ? Il y aurait des problèmes puisqu'il avait interdit au chat d'entrer dans sa chambre. Non, il fallait lui trouver un autre nom. Il observa le petit animal qui s'était installé au milieu de son oreiller et qui s'était endormi. Tout noir sur le tissu blanc. C'est alors que l'idée lui vint. Luc ne connaissait rien d'aussi noir que la nuit.

Son chat devait bien sûr s'appeler Nuit.

Il possédait le seul chat au monde à s'appeler Nuit.

Il posa doucement sa tête contre lui et le caressa. Le chaton se mit à ronronner.

– Nuit, dit Luc. J'ai un chat qui s'appelle Nuit. Tu es à moi.

Luc s'endormit. Sa mère se demanda pourquoi il régnait un tel silence dans la chambre de son fils et elle ouvrit la porte. Seul Nuit était éveillé. Luc dormait.

À partir de ce jour-là, Luc n'eut de pensées que pour son chat. Nuit était un animal étonnant. Pour montrer qu'il avait faim, il n'avait qu'un moyen : miauler, mais malgré cela Luc avait toujours l'impression de comprendre ce qu'il disait. Faute d'arriver à le faire parler, ce serait à lui d'apprendre le langage des chats. Puis ils s'en iraient tous les deux de par le monde.

Jamais il n'avait espéré avoir un si beau cadeau pour ses six ans.

Chapitre 3

Ainsi débuta la nouvelle vie de Luc avec Nuit.

Luc s'aperçut bientôt que plus rien n'était pareil depuis l'arrivée du chat. Tous les matins, il était réveillé par Nuit. Quand celui-ci estimait que Luc avait assez dormi, il montait sur son lit et se couchait sur son visage. Luc l'entendait ronronner au plus profond de ses rêves. Il se laissait ensuite réveiller tout doucement avant d'ouvrir les yeux. La fourrure du chat était douce. Elle sentait les feuilles et la pluie.

Le seul problème, c'était que Nuit ne savait pas lire l'heure. Il lui arrivait de venir le retrouver à quatre heures du matin. Il fallait alors essayer de lui faire comprendre qu'il était trop tôt pour commencer la journée. Mais Nuit n'arrêtait pas ses jeux pour autant et lorsque Luc remontait la couverture au-dessus de sa tête, Nuit continuait à lui mordiller les doigts de pied et à tirer sur les draps. Luc n'avait plus qu'à se lever pour aller dans la cuisine et verser du lait dans le bol de Nuit, posé par terre à côté de la cuisinière. Il refermait ensuite rapidement la porte avant de retourner dans sa chambre. Malgré ses couinements, personne ne relâchait Nuit avant que Béatrice et Axel ne se lèvent pour déjeuner.

Bien entendu Tourbillon avait soulevé des problèmes quant à l'endroit où ranger la caisse de sable. Luc avait d'abord pensé l'installer dans la cuisine, où il était facile d'essuyer et de ramasser le sable que Nuit pourrait faire gicler à l'extérieur de la boîte. Mais Tourbillon avait commencé à râler et à dire que ça sentait mauvais et que ça lui coupait l'appétit. Luc n'avait pas remarqué de mauvaise odeur, Béatrice et Axel non plus, avant que Tourbillon n'en parle. Alors Axel s'était énervé et avait décrété que Luc devait garder la caisse dans sa chambre. Luc avait décidé d'apprendre à Nuit à grogner à la moindre remarque de Tourbillon. Mais il fallait que Nuit soit plus grand. Ce n'était encore qu'un chaton qui sautait, grimpait aux rideaux et s'amusait avec les chaussures dans l'entrée.

À son arrivée, Nuit n'avait pas eu le droit de sortir. Selon Axel il fallait d'abord qu'il s'habitue à sa nouvelle maison, sinon il risquerait de se perdre. Luc craignait aussi qu'on lui vole son chat, si on le voyait se promener dehors. À plusieurs reprises, il avait appelé Nuit sans succès, il avait alors eu peur que le chaton ait réussi à sortir et qu'il ait disparu. Son cœur s'était mis à cogner, exactement comme après un mauvais rêve. Il avait appelé, cherché dans toute la maison, mais Nuit était resté introuvable.

Cependant, très vite Luc avait fini par

repérer les endroits où Nuit avait l'habitude de se cacher quand il voulait être tranquille. Souvent il se couchait dans le panier à linge sale de la salle de bains, parfois dans la penderie d'Axel. De temps en temps, il se perchait tout en haut d'un des placards de la cuisine. Mais il arrivait que Luc ne le retrouve pas. Quand Béatrice s'apercevait qu'il était triste au point que ses lèvres se mettaient à trembler, elle l'aidait à chercher. Et ils finissaient toujours par retrouver le chaton. Une fois, Nuit avait réussi à s'introduire dans le garage et il s'était couché dans une boîte remplie de bourre de coton.

Mais chaque fois que Luc retrouvait Nuit, une joie immense l'envahissait et il restait longtemps assis sans bouger, simplement à le regarder. Être heureux au point d'être incapable de faire autre chose que de garder le silence : c'était là une expérience entièrement nouvelle pour Luc. Jusqu'à présent, la joie l'avait fait sauter et exprimer bruyamment ses sentiments. Mais depuis l'arrivée de Nuit dans sa vie, rien n'était plus comme avant.

En fait, le grand problème, c'était Tourbillon. Luc eut bientôt la certitude que son frère était vraiment jaloux de son chat. Tourbillon tirait parfois Nuit par la queue. Il ne lui faisait pas vraiment mal, mais c'était suffisant pour que Nuit se plaigne. Ça rendait Luc fou furieux et il se mettait à frapper son frère qui n'arrêtait pas de rire. Tout ça énervait beaucoup Axel, et Luc finissait par s'enfermer dans sa chambre avec Nuit. Il avait remarqué que Tourbillon profitait de la présence de leur père pour l'embêter, et spécialement les jours où celui-ci était fatigué ou de mauvaise humeur. Luc soupçonnait Tourbillon de vouloir inciter Axel, excédé par leurs bagarres, à se débarrasser de Nuit.

Cette idée lui était insupportable et il ne savait pas quoi faire. Il n'avait découvert qu'une solution : tenir toujours prêt un casse-croûte, caché dans le réfrigérateur. Si jamais on ne permettait pas à Nuit de rester chez eux, il n'y resterait pas non plus. Ils partiraient ensemble.

Un jour qu'Axel était de très mauvaise humeur et qu'il se plaignait des disputes quotidiennes à propos du chat, Luc demanda à sa mère si son père regrettait de lui avoir offert Nuit. Sa mère le rassura en lui disant qu'ils ne lui enlèveraient jamais son chat. Luc avait confiance en elle, mais tout de même, il ne se sentait pas totalement tranquille. Chaque jour il préparait en secret son paquet de nourriture et le dissimulait tout au fond du réfrigérateur, derrière le lait.

La meilleure solution ç'aurait été que Tourbillon ait son propre chat. Ou mieux encore, un autre animal. Peut-être pas un chien, mais des poissons ou des serins. Luc pensa qu'il serait astucieux que ce soit lui qui offre un animal à Tourbillon pour son anniversaire. Un jour qu'il accompagnait Béatrice faire les courses, il l'entraîna vers un magasin qui vendait des petits animaux. Mais quand il vit le prix d'un aquarium, il perdit courage. Et pourtant, c'était encore ce qu'il y avait de moins cher dans le magasin. Il ne pourrait jamais

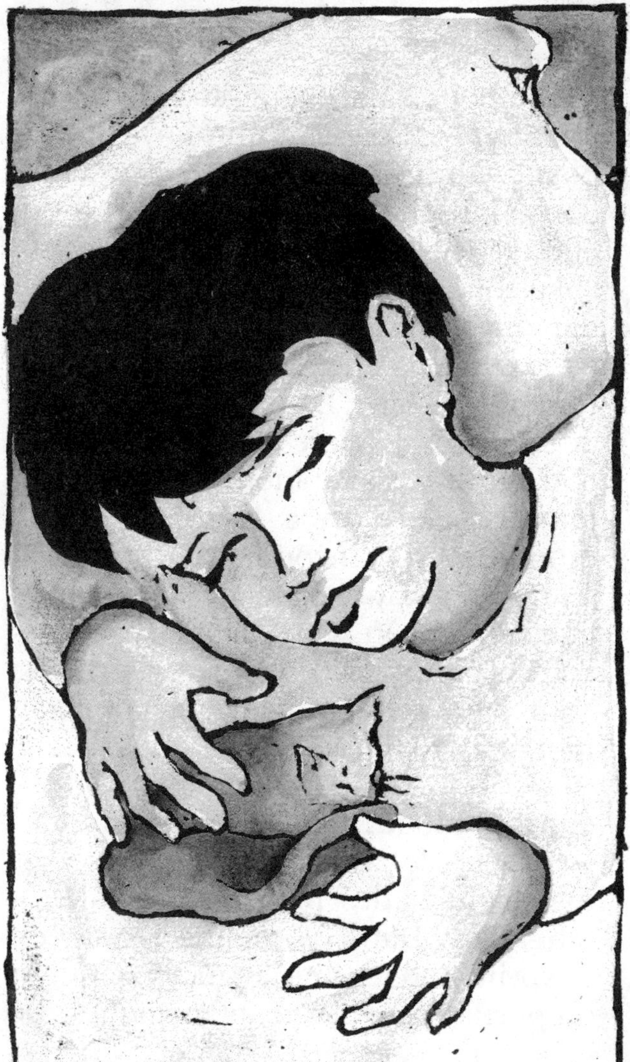

se permettre d'acheter une cage avec des oiseaux !

Luc était donc très préoccupé. Chaque jour lui réservait un nouveau problème. Mais chaque jour également, il constatait que son chat était ce qui lui était arrivé de mieux.

Le soir, avant de s'endormir, il bavardait dans son lit avec Nuit qui se mettait en boule à côté de lui sur l'oreiller. En fermant les yeux, Luc avait l'impression de se glisser derrière une porte invisible et d'entrer dans un monde qui n'appartenait qu'à lui et à Nuit. C'était un monde secret, inconnu des autres. Il était tout à fait réel, même s'il n'existait que dans sa tête. On pouvait s'y promener en gardant les paupières fermées. Tout paraissait ordinaire et pourtant, tout était si différent...

Avec ce monde secret Luc entrait dans un monde magique. Il y avait des routes et des maisons magiques, des magasins et des planches à roulettes magiques. Dans ce monde secret, on s'exprimait dans une langue magique et on portait des vêtements magiques. De temps en temps, le soleil magique brillait et de temps en temps, la pluie magique tombait. On prenait des repas magiques et on jouait à des jeux magiques. Les rires, et même les blessures aux genoux, quand on tombait et qu'on s'égratignait, étaient magiques. Tout semblait appartenir à la réalité, mais en ajoutant le mot « magique », celle-ci prenait une dimension merveilleuse et exaltante. Il était là dans son lit à rêver de toutes les aventures que lui, Luc-magique, vivrait avec Nuit-magique. Il fallait seulement attendre que viennent l'été et la chaleur.

La saison tant attendue arriva enfin. Luc et Tourbillon donnèrent un coup de main à leur père pour nettoyer la caravane qui était rangée dans le garage. Ils frottèrent et rincèrent avec le tuyau d'arrosage jusqu'à être trempés jusqu'aux os. Début juin, ils installèrent la caravane dans le terrain de camping à côté du lac où ils avaient l'habitude de passer leurs étés. Ils s'y rendirent seulement les vendredis, samedis et dimanches avant qu'Axel ne soit en vacances, mais ensuite ils y restèrent tout un mois.

Luc appréhendait la réaction de Nuit quand il monterait pour la première fois dans une voiture. Aurait-il peur ? Essaierait-il de s'enfuir ? À son grand soulagement, Axel y avait déjà pensé et un jour il apporta un collier pour Nuit.

– Il faut que tu apprennes à ton chat à accepter une laisse, dit-il.

Avec de l'encre noire Luc traça le nom de Nuit sur le collier. Pour plus de sécurité, il y dessina une tête de mort pour que personne n'essaie de lui voler son chat.

Nuit n'aimait pas du tout le collier : lui apprendre à être tenu en laisse ne fut pas chose facile. Il mordillait la lanière et s'emmêlait dedans. Tourbillon le regardait en ricanant. Mais Luc était têtu. Il savait qu'il fallait que Nuit s'y habitue pour éviter des problèmes.

Ils passèrent un été long et chaud dans la caravane. Luc emmenait Nuit dans la cabane qu'il avait construite l'année précédente. Mais elle s'était effondrée au cours de l'hiver en se divisant en deux. Luc avait donc fabriqué un toit avec des branches de sapin et du feuillage. Une fois les deux ouvertures bouchées, personne n'aurait pu deviner l'existence de cette cabane. Luc s'y faufilait par une fissure dans le rocher et débarrassait ensuite Nuit de son collier. Ils pouvaient rester ainsi pendant des heures. Luc fermait les yeux et imaginait qu'ils avaient pénétré au plus profond du monde magique. Ce n'était que lorsque Béatrice l'appelait pour manger qu'il remettait la laisse à Nuit et sortait de son refuge.

– Il faut que tu appelles Nuit, dit-il à sa mère. Il a faim lui aussi !

– Je l'ai oublié, répondit Béatrice. J'y penserai la prochaine fois.

Comme Tourbillon avait ses propres amis et qu'il dormait avec eux sous la tente, il n'eut pas le temps de taquiner Luc et Nuit. Ainsi Luc se retrouvait seul enfant dans la caravane avec Nuit dans son petit lit. Axel et Béatrice acceptèrent sans difficulté que Nuit s'amuse et sautille sur leur lit la nuit. Si bien que Luc prit confiance au cours de cet été-là. Personne ne lui prendrait son chat !

Luc avait des amis, lui aussi, qui habitaient d'autres caravanes rangées les unes à côté des autres le long du lac. Quand il était avec eux, il confiait Nuit à Béatrice qui lui promettait de veiller à ce qu'il ne sorte pas.

Malheureusement, l'été filait trop vite ! Luc essayait d'oublier que le mois d'août approchait à grands pas. Comme il allait commencer l'école cette année-là, il était à la fois inquiet et impatient. Le mieux était de ne pas y penser du tout. Les jours se succédaient et, de temps en temps, Axel lui faisait remarquer que les soirées commençaient à être plus sombres.

Luc se demandait parfois pourquoi il n'existait pas d'écoles pour les chats. Pourquoi les chats n'apprendraient-ils pas certaines choses ? Il essayait d'imaginer une rangée de chatons installés à leur table, levant une patte et disant leur nom à un instituteur-chat debout devant eux.

Un soir, avant de s'endormir, il prit la

décision d'organiser un cours pour Nuit. Il essaierait de lui apprendre ce qu'il apprendrait lui-même en classe.

Puis il s'endormit. Quelques jours plus tard, ils retournèrent rue des Sorbiers. Ils laissèrent la caravane près du lac puisqu'ils y passeraient toutes les fins de semaine.

Mais les vacances d'Axel étaient définitivement terminées. La rentrée de Luc aurait lieu dans trois semaines.

Trois semaines qui seraient sans doute très longues. Trois semaines à attendre le premier jour d'école.

Mais rien ne se passa comme il l'avait imaginé.

Un matin, Luc s'aperçut que Nuit n'était plus là.

Chapitre 4

Nuit disparut un jour très ordinaire.

À son réveil Luc se souvint que c'était jeudi et qu'il aurait des crêpes pour dîner. Il s'étira et passa les mains sur la couverture pour vérifier que Nuit était bien là, puis il se rappela que son chat l'avait déjà réveillé, bien avant l'aube. Comme il était fatigué et peut-être aussi un peu énervé d'avoir été tiré de son sommeil, il était entré dans la cuisine en titubant, le chat sautillant dans ses jambes, pour mettre une sardine dans sa gamelle (Nuit était désormais passé à une alimentation normale et ne buvait presque plus de lait). Après avoir refermé la porte de la cuisine, Luc avait regagné son lit.

Or le matin venu, Nuit n'était plus dans la cuisine. Luc l'appela, mais en vain. Alors il se hissa sur l'évier à l'aide d'une chaise pour pouvoir regarder au-dessus du placard de la cuisine, mais Nuit n'était pas là non plus. Luc rangea la chaise en supposant que son père avait probablement oublié de fermer la porte après avoir déjeuné. Nuit s'était sûrement trouvé une nouvelle cachette. L'inquiétude n'avait pas encore gagné Luc qui s'était habitué au fait que Nuit avait le même caractère que lui : il avait parfois besoin de tranquillité.

Puisque Nuit ne possédait pas de chambre personnelle où il pouvait s'enfermer, il lui fallait constamment dénicher de nouveaux endroits. Luc avait souvent constaté que Nuit était bien plus doué que lui pour repérer de bonnes cachettes.

Installé devant la table de la cuisine, Luc but un verre de lait et mangea une tartine. Il écouta sa mère s'affairer dans la buanderie où la machine à laver faisait un bruit d'avion. Comme Nuit adorait jouer dans le tas de linge sale, il l'avait sans doute suivie.

Son petit déjeuner avalé, Luc se rendit dans la buanderie.

– Nuit est avec toi ?

– Je ne sais pas, répondit Béatrice. Il me semble l'avoir vu tout à l'heure. Oui, il doit être quelque part par là.

Luc alla s'habiller dans sa chambre. Il jeta un coup d'œil par la fenêtre : une vraie journée pour rester chez soi ! Il y avait du vent, il pleuvait et les gouttes tambourinaient contre la vitre. Le nez appuyé au carreau, il essaya d'imaginer ce que son père transporterait aujourd'hui. Pourvu que les essuie-glace fonctionnent ! Parfois il avait peur qu'il ait un accident avec son gros camion.

Aucun son ne sortait de la chambre de son frère. Tourbillon était capable de dormir jusqu'à dix heures et Luc souhaitait alors qu'il ne se réveille pas de la journée. Comme ça au moins il n'avait pas besoin de craindre que Tourbillon ne s'énerve contre lui et son chat.

Puis il se mit à chercher pour de vrai. Il commença par vérifier toutes les cachettes qu'il connaissait, sans résultat. Ensuite il regarda dans toutes les pièces. Comme s'il s'agissait d'un jeu, il s'efforça de ne faire aucun bruit pour ne pas effrayer Nuit. Il voulait éviter que le chat ne l'entende, ne dresse les oreilles et ne se réveille.

Mais Nuit n'était pas là. Il était introuvable.

Et soudain, venant de nulle part, une horrible certitude s'installa au creux de son ventre : Nuit avait disparu ! La peur qui l'envahissait était la même que celle laissée par les cauchemars dont il avait du mal à se débarrasser.

– Je n'arrive pas à retrouver Nuit, dit-il à Béatrice, occupée à décaper une vieille chaise.

– Il reviendra quand il aura faim.

À cet instant, Luc prit conscience que Nuit avait disparu. Ce sentiment était tellement puissant qu'il ne pouvait le combattre.

– Il s'est sauvé, insista-t-il.

Béatrice lui adressa un sourire.

– C'est ce que tu crois chaque fois qu'il se cache quelque part et que tu ne le retrouves pas immédiatement.
– Il a disparu, répéta Luc d'une voix étranglée.

Béatrice le regarda, étonnée. Elle avait remarqué que sa voix était déformée par l'émotion comme s'il était sur le point de fondre en larmes.
– Mais non, il n'a pas disparu. Ce matin, quand nous déjeunions, ton père et moi, il jouait dans la cuisine. Il y avait des arêtes de sardine partout sur le sol. Ne t'inquiète pas. Il ne sortirait pas par un temps pareil. Les chats n'aiment pas la pluie, tu le sais bien.

Luc reprit confiance un instant. Sa mère avait raison, Nuit n'aimait pas l'eau. Une seule fois il avait essayé de le baigner, mais il avait décidé de ne plus jamais recommencer. Nuit s'était débattu avec ses griffes et pour finir, Luc avait été aspergé d'eau et de savon de la tête aux pieds. Nuit s'était caché sous le canapé de la salle de séjour et il avait mis plusieurs heures avant d'en ressortir.

Luc reprit donc confiance. Mais seulement pour très peu de temps. Il arpenta encore une fois la maison de haut en bas, en faisant autant de bruit qu'il pouvait pour que Nuit se montre. Il était allé prendre une boîte de pâtée dans le garde-manger et tapait dessus tout en passant d'une pièce à l'autre. D'habitude Nuit arrivait immédiatement, même s'il venait de manger.

Mais Nuit n'était pas là. Il n'était vraiment nulle part. Finalement, Béatrice se mit à chercher elle aussi. Tourbillon se réveilla et, voyant que Luc avait beaucoup de peine, il chercha, lui aussi.

Ils cherchèrent toute la journée, en vain. Luc et Béatrice enfilèrent des bottes et des vêtements de pluie pour aller dehors. C'était un vrai temps d'automne avec du vent et des giboulées. L'eau giclait autour de leurs pieds. Ils fouillèrent le jardin et Béatrice demanda aux voisins s'ils n'avaient pas vu Nuit. Mais tout le monde fit non de la tête.

À l'heure du dîner, dès son retour à la maison, Axel les rejoignit. C'était le dernier espoir de Luc. Si son père n'était pas capable de retrouver Nuit, personne ne l'était.

Mais Nuit restait introuvable.

– Comment a-t-il réussi à sortir, s'interrogea Axel. Et pourquoi a-t-il choisi un jour de pluie pour disparaître ?

Luc se moquait de savoir pour quelle raison Nuit avait disparu. Tout ce qu'il voulait, c'était qu'on le retrouve. Axel, Béatrice et même Tourbillon firent de leur mieux pour le consoler.

– Il reviendra, lui dirent-ils à plusieurs reprises.

– Nuit n'aime pas être mouillé, se rassura Luc.

– Un chat se débrouille toujours, déclara Axel. On dit qu'un chat a neuf vies. Ne t'inquiète pas. Il reviendra.

– Ça m'est bien égal qu'il ait neuf vies ! répondit Luc. Je veux seulement qu'il soit là.

– Si celui-là a disparu, tu en auras un autre, dit Tourbillon.

Il ne pouvait rien dire de plus idiot. Ses intentions n'étaient sans doute pas mauvaises, mais pour Luc ce fut comme si Nuit avait cessé d'exister. Comme s'il n'était plus en vie, comme s'il n'avait même jamais existé. Tout n'était peut-être qu'un rêve ! Il avait tout simplement rêvé qu'on lui avait offert ce cadeau d'anniversaire six mois auparavant ! Avait-il dormi tout ce temps et venait-il seulement de se réveiller ? Après tout, il n'avait peut-être eu qu'un tapis ou une boîte de vieilles chaussures ?

– Je ne veux pas d'un autre chat, dit-il sans pouvoir retenir ses larmes. Il n'y a qu'un seul chat au monde qui m'intéresse.

Ce soir-là Luc ne voulut pas se coucher. Il alla d'une fenêtre à l'autre, scrutant le noir où la pluie dansait contre les lampadaires balancés par le vent. Il essaya de toutes ses forces de percer l'obscurité et d'obliger Nuit à revenir.

Mais la rue était déserte. Nuit avait disparu.

Luc finit par s'endormir sur la chaise qu'il avait installée devant la fenêtre du séjour. Axel le prit dans ses bras et le porta dans leur chambre.

– Il vaut mieux qu'il dorme avec nous, chuchota-t-il.
– Qu'est-ce qu'on peut faire ? s'inquiéta Béatrice.
– Je ne sais pas. Espérons que le chat reviendra.

Mais le lendemain matin, Nuit n'était

toujours pas rentré. Béatrice prépara des petits messages destinés à être affichés sur des poteaux et dans les magasins.

PERDU CHAT NOIR
AVEC UN PEU DE BLANC AU BOUT DE LA QUEUE
TÉLÉPHONER AU 49 14 08
(19, RUE DES SORBIERS)
RÉCOMPENSE

– Tu n'as qu'à marquer un million de récompense, dit Luc.
– Non, je ne peux pas, répondit Béatrice. Nous n'avons pas une telle somme.
– Marque-le quand même. Comme ça ils comprendront à quel point il me manque.
– Je pense qu'ils le comprendront malgré ça.

La pluie persista le deuxième jour qui suivit la disparition de Nuit. Luc accompagna Béatrice pour accrocher les messages. De retour à la maison, il réclama un peu d'argent à sa mère pour s'acheter un illustré. Béatrice se dit que c'était une bonne chose que Luc ne passe pas son temps à ressasser la disparition de Nuit. Mais en fait ce n'était pas un illustré que Luc voulait s'acheter. Il était parti refaire tout le parcours pour ajouter une ligne à la fin du message :

un milion

Il n'était pas sûr de l'orthographe. Il demanda à l'une des caissières du magasin comment on écrivait un million, mais celle-ci lui lança seulement un regard irrité et lui dit de ne pas gêner ceux qui voulaient payer. Il sortit alors dans la rue pour poser la question au vieux Trumlund qui était toujours dans son kiosque à vendre des billets de loterie pour un club de bowling.

– Ça s'écrit comme ça se prononce, répondit Trumlund.

Luc renonça. Il écrivit selon son idée en se disant que ceux qui liraient le message arriveraient certainement à comprendre.

Puis il rentra chez lui, en appelant Nuit tout le long du chemin.

– Tu ne t'es pas acheté d'illustré ? demanda Béatrice, étonnée.

– Il n'y en avait plus.
– Et tu ne t'es rien acheté d' autre ?
– J'ai décidé de mettre l'argent de côté jusqu'à ce que j'aie économisé un million.

Ce soir-là Luc prit deux décisions. La première fut de ne pas relâcher ses efforts tant qu'il n'aurait pas retrouvé Nuit. Il savait que son chat avait besoin de lui. Il décida aussi de partir à sa recherche si Nuit n'était pas de retour le lendemain matin. Ce serait peut-être plus facile s'il menait lui-même une vie de chat : dehors la nuit, seul, à pas feutrés dans l'obscurité. Ces décisions prises, il s'installa de nouveau sur la chaise devant la fenêtre du séjour. Il resta là toute la nuit à scruter l'obscurité.

Parfois il se levait d'un bond. Il lui semblait avoir vu des yeux de chat briller dans le noir. Mais tout disparaissait aussitôt, il ne restait que la nuit noire.

– Je te retrouverai, Nuit, murmura-t-il pour que personne ne l'entende. Je sais qu'il est arrivé quelque chose. Mais je te retrouverai. Je te le jure.

Cette nuit-là, quand Axel découvrit Luc endormi sur sa chaise, il le porta dans sa propre chambre.

Le lendemain, la pluie avait presque cessé. Des nuages gris, déchiquetés, se poursuivaient dans le ciel. Entre les averses, un soleil froid perçait de temps en temps et éclairait les rues encore trempées.

Luc resta longtemps devant la fenêtre à observer le jardin.

Mais Nuit ne rentra pas.

Il avait vraiment disparu.

Chapitre 5

Le troisième jour qui suivit la disparition de Nuit se déroula de façon complètement inattendue.

Dès le matin, le téléphone se mit à sonner et on commença à frapper à la porte. Les gens venaient apporter des chats de toutes les couleurs. Une vieille dame, ruisselante de pluie, leur présenta un chat tout jaune et demanda à Axel qui n'était pas encore très réveillé s'il s'agissait bien du chat qu'il avait perdu.

– Comment ? Un chat jaune ? Notre chat est noir avec le bout de la queue blanc.

– Mais quand même, insista la vieille dame, c'est peut-être lui ?

– Non. Merci de vous être dérangée.

Le téléphone sonna à ce moment-là. Béatrice décrocha, et elle eut à peine le temps de reposer le combiné que ça sonnait de nouveau. Axel n'avait pas le temps de s'habiller, puisqu'il était obligé d'aller sans cesse ouvrir la porte.

Des chats noirs, des chats gris, des laids, des beaux, des vieux, des jeunes, des chats aux yeux agressifs, des chats qui ronronnaient et venaient se faire caresser ; tous étaient transportés dans des cartons ou protégés de la pluie sous des imperméables.

– Qu'est-ce qui se passe ? finit par dire Axel. Toute la ville vient nous apporter ses chats. Qu'est-ce que vous avez bien pu écrire sur le mot que vous avez affiché hier ?

– Que notre chat disparu était noir avec un peu de blanc au bout de la queue, répondit Béatrice. Je ne m'explique pas pourquoi les gens viennent nous montrer des chats qui ne sont même pas noirs.

Pendant ce temps-là, Luc dormait tranquillement dans son lit, ignorant les allées et venues de tous ces gens convaincus que le chat qu'ils avaient trouvé était Nuit. C'est seulement à son réveil et après qu'Axel se fut réfugié dans son travail qu'il réalisa ce qu'il avait provoqué.

– Tu comprends, toi, que les gens ne soient même pas capables de lire correctement ? s'étonna Béatrice en soupirant.

– Je crois au contraire que les gens ont tout à fait bien lu, répondit Luc. J'ai marqué sur le papier que la récompense était d'un million. J'ai dû me tromper pour l'orthographe, mais les gens ont certainement compris quand même.

Béatrice fut tellement surprise qu'elle faillit tomber de sa chaise.

– Tu dis que tu as fait quoi ?

– Je t'ai dit que je voulais aller m'acheter un illustré, en fait je voulais seulement ajouter sur la feuille que la récompense était d'un million.

Luc fut étonné que la vérité soit si

facile à dire. Il avait l'impression que tout ce qu'il jugeait difficile avant n'existait plus depuis la disparition de Nuit. Comme c'était la seule chose qui lui importait, tout le reste lui paraissait facile.

Béatrice secoua lentement la tête.

– Luc, pourquoi as-tu fait ça ?

– Je ne sais pas. Il fallait que je le fasse.

Ils n'eurent pas le temps d'en discuter davantage.On sonnait de nouveau à la porte.

– Je n'ai plus la force de voir d'autres chats marron, dit Béatrice.

– Je vais ouvrir, lança Luc en sortant de la cuisine.

Devant la porte se tenait un homme qui portait un grand sac en bandoulière. Luc se demanda si l'homme y avait caché un chat.

– C'est bien ici qu'on offre un million de récompense pour un chat perdu ?

– Oui, répondit Luc.

– Est-ce qu'un chat peut valoir autant ?

– Oui, Nuit vaut ça.

– Nuit ?

– Mon chat s'appelle Nuit.

À ce moment-là Béatrice arriva.

– Il s'agit bien sûr d'un malentendu, dit-elle. Nous ne disposons pas d'un million.

– Je suis journaliste, expliqua l'homme. J'aurais voulu faire un reportage sur ce chat qui vaut un million.

Béatrice, effrayée, s'y opposa.

– Ce n'est pas possible. Les gens n'ont pas arrêté de nous apporter toutes sortes de chats. Si vous en parlez dans le journal, il y aura encore plus de monde. Peut-être viendront-ils nous montrer d'autres animaux aussi. Des chiens, des poules et je ne sais quoi.

– C'est très bien que vous en parliez dans le journal, interrompit Luc, surtout si vous mettez une photo de Nuit. Comme ça beaucoup de gens le verront, et quelqu'un le reconnaîtra peut-être. D'ailleurs, j'ai un million en argent faux. Je pourrais le donner en récompense.

– Luc, s'écria Béatrice. Arrête de parler de cet argent.

Mais le journaliste voulait malgré tout écrire au sujet de Luc et de son chat, même si la grande récompense promise n'était pas tout à fait vraie.

– Je comprends que tu aimes ton chat, dit-il. Les lecteurs sont très sensibles aux histoires de gens qui aiment leurs animaux disparus.

C'est ainsi qu'une photo de Nuit fut publiée dans le journal. Axel l'avait prise au cours de l'été, un jour que Nuit était couché sur les genoux de Luc devant la caravane. Le journaliste décrivit Luc, l'endroit où il vivait, et expliqua qu'il espérait que quelqu'un retrouverait Nuit rapidement.

Mais Nuit ne rentra pas.

Luc n'avait que ça à faire : penser à son chat. Il se disait qu'il avait faim et froid, qu'il était trempé. Que des gens méchants lui jetaient des pierres ou lui tiraient la queue. Il pensait à Nuit si fort qu'il avait l'impression de se transformer en chat. C'était comme s'il avait eu des poils noirs et des oreilles pointues. Mais il croyait surtout protéger Nuit en le gardant constamment présent à l'esprit. Tant que Nuit était dans sa tête, il était hors de danger.

Le soir, après que Béatrice l'eut bordé, il prit de nouveau la décision de partir. Il ne pouvait plus attendre, il fallait qu'il s'en aille tout de suite.

Mais en même temps une autre idée lui vint à l'esprit.

Le cassissier.

Le cassissier sauvage qui poussait de l'autre côté de la barrière.

Le cassissier sous lequel Nuit aimait se mettre en boule par temps chaud quand il cherchait un endroit tranquille pour dormir. Il poussait là tout seul, sans la compagnie des autres cassissiers. À plusieurs reprises Axel avait dit qu'il faudrait l'enlever. Mais quand Luc avait demandé pour quelle raison, il n'avait pas su répondre. Apparemment les cassissiers doivent pousser du bon côté de la barrière. Ils n'ont pas le droit d'être sauvages. C'est comme pour les chiens : il faut qu'ils aient un collier autour du cou. La barrière est le collier indispensable des cassissiers.

Nuit aimait bien le cassissier sauvage. Pour Luc, ces cassis qui mûrissaient au début de l'automne étaient magiques. C'étaient des fruits extraordinaires, porteurs d'un secret. Si on les croquait, on avait le pouvoir de voir le monde magique sans fermer les yeux.

Luc resta couché dans son lit à réfléchir au cassissier. C'était là bien sûr qu'il fallait chercher Nuit.

Pourquoi n'y avait-il pas pensé plus tôt ?

Il suffisait qu'il installe la gamelle de Nuit, celle qui avait une ligne bleue et qui était un peu ébréchée d'un côté. Cette gamelle allait sans aucun doute faire revenir Nuit.

Il sentit qu'il fallait y aller immédiatement. Mais après être sorti du lit et avoir ouvert tout doucement la porte, il s'aperçut que ses parents n'étaient pas encore couchés. Ils étaient en train de regarder une émission à la télé. Il entendit son père bâiller. Il décida de regagner sa chambre en attendant qu'ils soient endormis. À ce moment-là seulement il pourrait sortir avec la gamelle du chat.

Le silence finit par gagner la maison. Luc enfila ses vêtements par-dessus son pyjama. Il entra dans la cuisine sur la pointe des pieds et ouvrit doucement la porte du réfrigérateur. Il faillit fondre en larmes en voyant la boîte de pâtée entamée, toute seule derrière un paquet de beurre.

Il eut l'impression que c'était Nuit qu'il voyait ainsi, abandonné, et non pas une boîte sans couvercle.

Il versa tout le contenu dans le plat.

Puis il se demanda ce qu'il devait faire de la boîte vide. Maman allait sans doute trouver cela bizarre. Elle avait le chic pour remarquer tout ce que l'on aurait préféré qu'elle ne voie pas : par exemple, que quelqu'un avait touché à la pâtée pour chats pendant l'absence de Nuit.

Luc remit un peu de pâtée dans la boîte et ajouta du lait pour augmenter le volume. Il referma ensuite la porte du réfrigérateur avant de passer dans le couloir sans faire de bruit. Il écouta les ronflements de son père qui traversaient par vagues la porte de la chambre. Tout doucement il tourna la poignée et s'arrangea pour que la porte ne se bloque pas quand il serait dehors.

Il pleuvait toujours. Le froid le fit frissonner. Il n'avait pas mis de chaussettes, il avait les pieds nus dans ses bottes. Le jardin sombre lui parut inquiétant. Luc hésita : oserait-il franchir le cercle de lumière que dessinait la lampe de l'entrée ?

Le cassissier poussait là où l'obscurité était la plus profonde. Le jour, il lui semblait que la barrière était tout près, mais la nuit elle était aussi loin qu'une étoile dans le ciel. Une étoile noire qui ne brillait pas.

Il n'avait pas de lampe de poche. Il fallait qu'il ait le courage d'entrer dans l'obscurité quand même. Le bruit de la pluie l'empêcherait d'entendre si quelqu'un le suivait.

Mais il fallait qu'il ose. Il fallait qu'il ait le courage pour Nuit. Il fallait qu'il ose, même si la pire des choses, c'est d'être obligé de faire ce qu'en réalité on n'a pas le courage de faire.

Les yeux fermés, il se mit à courir vers l'inconnu, la gamelle à la main. Il buta contre la barrière et renversa la moitié du contenu du plat. Il n'osa pas le ramasser, il n'osa même pas regarder derrière lui. Il escalada la barrière. Le cassissier enfin ! Il posa le plat dans l'herbe mouillée et repartit en courant vers la lumière protectrice de la porte d'entrée.

Puis il regagna son lit, le cœur battant.

Il ne savait pas encore ce qui lui avait coûté le plus : la disparition de Nuit dans le noir ou le fait d'avoir eu à surmonter sa peur.

Il finit par s'endormir.

Le lendemain, il courut à travers le jardin jusqu'au cassissier sauvage et secret et s'y arrêta net.

Nuit n'y était pas.

Mais la gamelle était vide.

Chapitre 6

Luc ne bougeait plus.

Il avait l'impression que son cœur s'était arrêté de battre et il était incapable de détacher son regard de la gamelle vide. Nuit était revenu. Il était retourné auprès de son cassissier. Il avait trouvé la nourriture et, affamé, il avait tout mangé. Mais Luc finit par sortir de sa torpeur. Nuit était donc quelque part dans le voisinage.

– Nuit ! appela-t-il, non : hurla-t-il. Il cria tellement fort qu'un voisin qui ramassait des feuilles mortes faillit lâcher son râteau.

Luc commença ses recherches. Il fallait absolument retrouver Nuit. De l'autre côté de la route il y avait un terrain vague avec de hautes herbes, des buissons et quelques arbres. Après avoir vérifié que la route était libre, le garçon traversa et se mit à chercher. Il était sûr que Nuit était là, il n'avait même plus peur. Il y croyait tellement fort que ses recherches se transformèrent en jeu. Dans son imagination, Nuit était devenu une bête sauvage et dangereuse que lui seul était capable de vaincre. Un lion roux, se dit-il. Ce lion roux, rare et dangereux, qui n'existe que dans la jungle, de l'autre côté du fleuve des Sorbiers. Luc ramassa une branche cassée dans le fossé. C'est avec cette arme qu'il allait combattre le lion roux.

À ce moment-là le facteur arriva sur son vélo. Luc s'accroupit derrière un buisson. Les facteurs en uniforme bleu font partie des ennemis les plus dangereux et il faut les éviter à tout prix !

Mais le facteur, qui avait aperçu Luc, lui fit un petit signe de tête en passant.

Celui-là est un bienveillant, se dit

Luc. Ils ne sont pas très nombreux. Parfois la chance est avec vous !

Puis il poursuivit ses investigations comme s'il s'agissait d'un jeu. Il cherchait le lion roux. Mais plus le temps s'écoulait, plus le lion était difficile à imaginer. La peur le gagna à nouveau. Le lion roux finit par s'évanouir, la branche redevint un simple bout de bois et Nuit était de nouveau introuvable.

Soudain Luc se fâcha contre son chat. Pourquoi se comportait-il ainsi ? Pourquoi ne revenait-il pas à la maison ?

Il rebroussa chemin et rentra chez lui après avoir ramassé la gamelle vide. D'un coup de pied il enleva ses bottes et alla rejoindre sa mère dans la cuisine. Il fallait qu'il lui parle.

– Nuit est revenu, annonça-t-il.

– C'est vrai ? Où est-il ? demanda Béatrice, surprise.

– Je n'arrive pas à le trouver. Mais il est revenu. J'en suis sûr. Il a fini tout ce que je lui ai donné cette nuit.

Béatrice lui jeta un regard étonné.

– Je ne comprends pas. Qu'est-ce qu'il a fini ?

Luc expliqua ce qu'il avait fait la veille.

– Tu es sorti en pleine nuit ? Et la gamelle était vide ce matin ?

Il fit oui de la tête. Parfois les parents mettent vraiment beaucoup de temps à comprendre leurs enfants. Pourquoi leurs pensées sont-elles si lentes ? Les choses paraissaient pourtant simples.

– Il n'y a plus de pâtée pour chats. Il faut en racheter pour que je puisse préparer une nouvelle gamelle. Et cette fois-ci je resterai dehors jusqu'à ce que Nuit revienne.

– Bien sûr. Tu as raison. Tu n'as qu'à aller à l'épicerie acheter une boîte. Comme je suis contente que Nuit soit de retour !

– Je préfère que ce soit toi qui y ailles, dit Luc. J'irai m'installer à côté du cassissier en attendant.

– Il n'y a pas urgence, tout de même !

– Je ne veux pas laisser Nuit disparaître encore une fois, répondit Luc. Il faut que tu y ailles.

Pendant que Béatrice se rendait à l'épicerie, Luc traîna une des chaises de la cuisine jusqu'au cassissier et s'y installa. Le voisin qui ramassait des feuilles mortes le regarda avec curiosité. Il ne put s'empêcher de demander pourquoi Luc était là à surveiller le cassissier.

– Je réfléchis seulement, répondit Luc.

Il n'avait pas envie de lui expliquer qu'il attendait Nuit. Il craignait que Nuit n'hésite à se montrer s'il sentait trop sa présence.

D'ordinaire ce sont les enfants qui sont curieux, se dit-il. Ce n'est pas aux adultes de poser des questions inutiles.

Le voisin secoua la tête et se remit à ramasser des feuilles. Et Luc attendait.

Une fois rentrée, Béatrice vida le contenu de la boîte dans un plat. Elle avait envie d'attendre Nuit, elle aussi, mais Luc, qui voulait être seul, insista pour qu'elle retourne à la maison.

Il commençait à avoir froid sur sa chaise. Il avait froid et il s'ennuyait. À force de taper des pieds pour se réchauffer, il avait creusé un petit trou avec ses talons. Mais toujours pas de Nuit.

La pluie se mit à tomber.

Béatrice vint le prévenir qu'il allait attraper froid s'il restait sous la pluie et Luc saisit l'occasion pour réclamer un parapluie et le ciré de son père. En poussant un profond soupir, Béatrice apporta les affaires à son fils qui demeura ainsi longtemps sous la pluie battante, protégé par le parapluie. Le voisin avait arrêté de ramasser les feuilles mortes à cause du mauvais temps, mais Luc l'entrevit dans la maison en train de l'observer derrière les rideaux.

Luc finit tout de même par se décourager. Peut-être Nuit avait-il peur de se faire gronder ? Dans ce cas, ce serait certainement plus astucieux de ne pas montrer qu'il l'attendait. Il ferait mieux de surveiller de l'intérieur, comme le voisin.

Il regagna donc la cuisine en traînant sa chaise avec peine. Béatrice lui prépara une tartine mais il n'avait pas le temps de manger. Sans quitter le cassissier des yeux, il s'installa devant une fenêtre. Soudain il lui sembla voir quelque chose bouger derrière le buisson. Il appuya le nez contre le carreau. Avait-il bien vu ? Oui, quelque chose bougeait. Quelque chose de noir...

Luc se précipita dehors en hurlant, sans prendre le temps d'enfiler ses bottes. Il traversa la pelouse trempée en courant, escalada la barrière et, en trébuchant, il atteignit le cassissier aussi vite qu'il put.

C'est alors qu'il s'aperçut que ce n'était pas Nuit.

C'était un autre chat. Noir lui aussi, mais sans tache blanche au bout de la queue. C'était donc un autre chat qui était en train de vider le plat. Après tout c'était peut-être lui qui avait tout mangé, la veille aussi.

De colère, Luc donna des coups de pied en direction du chat, qui les esquiva. Alors il lui lança une pierre et le chat, touché, émit un miaulement. Luc jeta une poignée de cailloux vers l'animal, mais celui-ci avait déjà disparu dans les buissons de l'autre côté de la route, à l'endroit même où le lion roux avait l'habitude de se cacher.

Béatrice vint lui apporter ses bottes. Elle avait l'air fâché.

– Mais qu'est-ce que tu fais ? Tu lances des pierres sur le chat ?

– Il a mangé le plat de Nuit, expliqua Luc d'une voix étranglée par la colère.

– Comment veux-tu qu'il comprenne ?

– Mais c'est la gamelle de Nuit !

– Arrête ces bêtises. Mets tes bottes et file à la maison immédiatement.

Nuit ne rentra pas ce jour-là non plus. Luc n'avait même plus le courage de rester près de la fenêtre. Il s'enferma dans sa chambre.

Qu'est-ce qu'il allait bien pouvoir faire ?

Il y avait maintenant plus de trois jours que Nuit avait disparu. Luc essaya d'imaginer ce qui l'avait poussé à partir ainsi sous la pluie. Que s'était-il passé ? Nuit avait-il eu du chagrin ? S'était-il enfui ?

Ce n'est pas facile d'imaginer ce qui se passe dans la tête d'un chat. Luc connaissait bien ses propres réactions lorsqu'il était en colère, triste ou heureux, mais il n'était pas certain de comprendre le comportement de Nuit. Il savait que sa queue était droite comme une bougie quand il était content. Il savait qu'il se frottait contre les jambes en ronronnant pour exprimer sa satisfaction. Mais quand il était triste, comment était-il ?

Luc l'ignorait et Béatrice aussi.

– Tes questions sont trop compliquées, dit-elle. Je crois que personne ne peut y répondre.

– Même pas papa ?

– Même pas ton père.

– Comment se fait-il qu'il y ait des questions sans réponses ?

– Je ne sais pas. Parfois je me le demande, moi aussi.

Luc retourna dans sa chambre pour continuer à réfléchir. Il y avait encore une possibilité, mais il osait à peine y penser : quelqu'un avait pu enlever Nuit, l'enfermer dans un carton et se sauver avec lui ! Mais personne ne pouvait être assez méchant pour voler un chat ! Qui serait capable d'une chose pareille ?

Luc ne savait plus quoi faire. Si Nuit ne revenait pas, il n'aurait pas le courage d'aller à l'école. Comment devenir adulte, vivre toute une vie et vieillir sans savoir ce qui était arrivé à Nuit ?

Le soir, à l'heure du coucher, il prit la décision de demander à Tourbillon de l'aider. En s'y mettant tous les deux, ils réussiraient peut-être à trouver une explication.

Luc n'était pas sûr que Tourbillon soit d'accord… Il est vrai que son frère avait bien changé depuis la disparition du chat.

Peut-être aurait-il malgré tout envie de participer aux recherches.

L'idée d'en parler à Tourbillon le réconforta un peu. Il se mit en boule sous la couverture et essaya d'imaginer que Nuit était là, blotti contre son visage.

Chapitre 7

Le lendemain, la pluie s'arrêta enfin.

Tourbillon partait avec sa planche à roulettes quand Luc le rejoignit dans l'entrée.

– Mon chat n'est toujours pas revenu.

– Ça, j'avais remarqué ! Mais j'ai entendu parler de chats qui ne sont revenus qu'au bout de plusieurs années.

– Je n'ai pas envie d'attendre pendant des années, répliqua Luc.

Tourbillon ajouta quelque chose de très étonnant :

– J'ai pensé qu'on pourrait t'aider à chercher ton chat.

Son frère avait donc eu la même idée !

– Bien sûr qu'on va t'aider, répéta Tourbillon. On pourrait commencer cet après-midi.

– Qui ça « on » ? demanda Luc.

– Mes copains et moi. On fouillera les jardins, partout où il pourrait se cacher.

Tourbillon avait quatre ou cinq copains et ils avaient tous des planches. Ils partaient ensemble pour s'entraîner avant la compétition. C'était Tourbillon le chef puisque c'était lui le plus fort.

Luc les voyait déjà sur leurs planches passer d'un jardin à l'autre. L'idée que Tourbillon et ses amis allaient l'aider lui fit chaud au cœur. Il eut envie de serrer son frère dans ses bras, mais il valait mieux s'abstenir. Tourbillon n'aimait pas que sa mère l'embrasse et il se fâcherait certainement si Luc s'y mettait, lui aussi.

– Je partirais bien avec vous, dit Luc.

– Tu n'as pas de planche..., mais tu pourrais toujours faire le mécanicien.

Luc ne savait pas en quoi cela consistait, mais comme Tourbillon n'aimait pas qu'on pose des questions stupides, il ne dit rien. Il fallait qu'il se débrouille tout seul pour se renseigner.

– D'accord, je veux bien être mécanicien. Tu veux que je commence tout de suite ?

– Va chercher un seau, un chiffon et de la lessive. Tu nettoieras nos planches quand elles seront sales. Rendez-vous à neuf heures sur le terrain de jeu !

Il fallait faire vite maintenant. Dès que sa mère eut le dos tourné, il prit dans la cuisine un seau, une serpillière et un paquet de lessive et il passa tout ça par la fenêtre. Il alla au robinet du jardin remplir le seau à moitié. Il ne réussirait pas à porter plus. Le seau était déjà tellement lourd qu'il eut du mal à le traîner jusqu'au terrain de jeu. Il ne savait pas quelle quantité de lessive il fallait ajouter : il lui sembla préférable d'en mettre trop que pas assez, aussi finit-il par vider le paquet en entier. Il dilua la poudre à l'aide d'un bâton et bientôt un véritable pilier d'écume se forma à la surface de l'eau. Le premier copain de Tourbillon arrivait déjà. Luc entreprit de frotter sa planche avec la serpillière.

– Avez-vous retrouvé Nuit ? s'inquiéta-t-il.

– Ça va demander du temps, répondit l'ami de Tourbillon. Depêche-toi !

Il repartit aussitôt pour céder la place à la deuxième planche.

Cela dura des heures et Luc s'amusa tellement qu'il faillit oublier pourquoi il était là. À deux reprises il lui fallut retourner chercher de l'eau. Il avait tout le temps peur qu'il n'y ait plus assez de lessive ou bien que quelqu'un fasse des remarques sur sa façon de nettoyer les planches. Mais personne ne se plaignit et Tourbillon avait l'air plutôt content. Luc se dit qu'il serait peut-être un jour le meilleur mécanicien de planches du monde. De toute façon, même en s'entraînant énormément, il ne pourrait jamais être aussi fort que Tourbillon.

Mais Nuit restait toujours introuvable.

Après avoir fouillé tous les jardins et partout où il aurait pu se cacher, il leur fallut admettre que personne n'avait vu

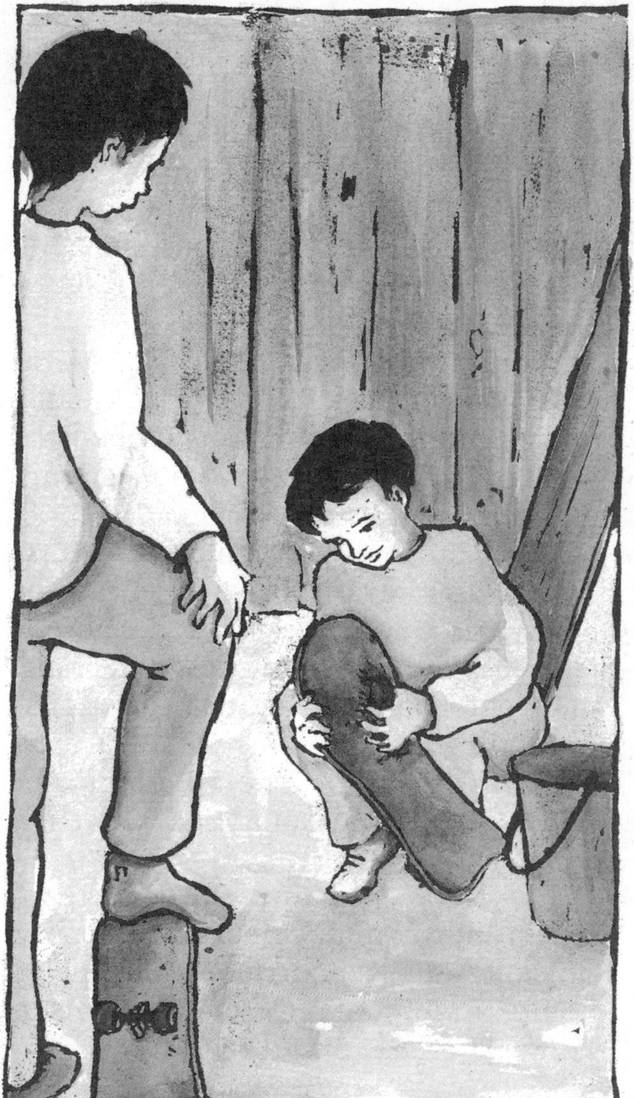

de chat noir avec du blanc au bout de la queue.

– Comme il n'est pas dans les environs, conclut Tourbillon, il est forcément ailleurs.

Une grosse boule se forma dans la gorge de Luc. Il ne fallait pas que Nuit soit trop loin. Comment ferait-il alors pour rentrer ?

Mais il ne dit rien.

– Ce chat ne reviendra jamais, ajouta un des amis de Tourbillon. Oublie-le !

– Ah oui, dit Luc, tu as raison, je ferais mieux de l'oublier.

Il eut du mal à articuler ces mots. Jamais auparavant il n'avait eu à prononcer des mots aussi difficiles. Il eut l'impression que Nuit les entendait, qu'il entendait que Luc avait décidé de l'oublier. Mais puisque ce n'était pas vrai ! Jamais il ne l'oublierait et jamais il n'arrêterait de le chercher. Jamais !

Tourbillon et ses amis partirent repérer un endroit pour construire une piste de skate où ils pourraient faire de la compétition. Luc retourna à la maison avec son seau qui lui sembla encore plus lourd maintenant qu'il était vide.

Il s'arrêta à côté du cassissier et s'assit sur le seau retourné.

Il avait de nouveau du chagrin. Si au moins il arrivait à comprendre pourquoi Nuit était parti ! Pourquoi il s'était enfui.

Luc se dit qu'il était temps de réaliser ce qu'il avait en tête depuis plusieurs jours. Il fallait qu'il parte, lui aussi, exactement comme Nuit. Il fallait qu'il vive la nuit, comme un chat, pour avoir une chance de le retrouver. Et assis là, sur le seau, il se mit à miauler. Il s'efforça d'imiter les différents bruits que fait un chat et finit par y parvenir à peu près, sauf pour le ronronnement. On aurait dit Axel quand il était enrhumé et qu'il se gargarisait.

Luc s'aperçut soudain que le voisin l'observait à travers la barrière.

– Ah bon, tu miaules maintenant ? s'étonna-t-il.

– Non, je me gargarise seulement.

Puis il rentra chez lui. La cuisine était vide. Béatrice était allée faire les courses. Luc rangea le seau et la serpillière dans le placard.

Il partit dans sa chambre et s'étendit sur le lit.

Il n'y avait plus rien d'autre à faire.

Il fallait qu'il parte cette nuit.

Chapitre 8

Comment faut-il s'y prendre pour faire une fugue ? Luc n'en avait pas la moindre idée. Il passa tout l'après-midi enfermé dans sa chambre à étudier la question.

Parfois, le soir, ses parents lui lisaient des histoires quand il avait du mal à s'endormir, et souvent il y en avait qui parlaient d'enfants en fugue. Assis sur son lit, il se creusait la tête pour retrouver tout ce qu'il avait pu entendre à leur sujet.

Ce qui l'étonnait surtout, c'est qu'en général ils choisissaient le soir pour s'en aller. Pour quelle raison bizarre n'avaient-ils pas peur du noir, ces enfants-là ? Ils n'hésitaient pas à sortir par la fenêtre en pleine nuit quand la tempête hurlait et secouait violemment les branches des arbres.

Pourquoi ne pas fuguer le jour ? se demanda Luc. On devrait quand même pouvoir fuguer avant le coucher du soleil, avant que les ombres ne deviennent effrayantes.

Mais au fait, pour aller où ? Dans les livres que ses parents lui lisaient, les enfants avaient toujours un but. Ils partaient soit chez un parent qui habitait de l'autre côté d'une grande forêt noire, soit vers un château perché en haut d'un rocher au milieu d'un lac écumant. Mais lui, où pourrait-il bien aller ? Il ne savait pas du tout où Nuit pouvait être. Ç'aurait été tellement plus simple s'il avait su où Nuit se cachait. Mais alors il n'aurait pas eu besoin de faire une fugue.

En poussant un soupir, Luc se mit la tête sous l'oreiller. C'est toujours très compliqué de faire une chose pour la première fois. Il n'avait jamais entendu dire que l'école vous apprend à fuguer. Tourbillon n'avait jamais dit qu'il existait des cours de « science de la fugue ».

Dans un accès de colère, il lança son oreiller contre le mur.

Luc avait pris la décision de s'en aller pour essayer de retrouver Nuit, mais l'idée de partir ne lui plaisait pas du tout. Il récupéra l'oreiller par terre et retourna sur son lit. Puis il pensa à Nuit avec une telle force qu'il lui sembla impossible que son chat ne revienne pas. Au bout d'un long moment, quand il eut l'impression de s'être concentré suffisamment longtemps, il se précipita vers la fenêtre, persuadé que Nuit était assis sur la pelouse à attendre, les yeux tournés vers sa chambre.

Mais la pelouse était déserte. Seule une pie sautillait en picorant parmi les brins d'herbe.

C'est sûrement Nuit, se dit Luc. Quelqu'un a dû le transformer en pie !

C'est vrai que l'oiseau était noir et blanc comme son chat. Luc ouvrit prudemment la fenêtre, mais la pie eut peur, prit son envol et se réfugia sur la cheminée de la maison voisine. Il referma la fenêtre et soupira assez fort pour que Nuit l'entende, mais en vain. Par contre Béatrice vint lui demander s'il n'était pas malade.

– Non, je ne suis pas malade.

– Tu as faim peut-être ?

Luc se posa la question. En fait, il n'avait pas faim, mais pour faire une fugue il valait mieux ne pas avoir le ventre creux. Il accompagna sa mère dans la cuisine.

L'après-midi était déjà bien avancé. Luc entendit Tourbillon claquer la porte d'entrée et se précipiter sur le réfrigérateur. La porte d'entrée claqua une deuxième fois. Tourbillon était toujours pressé. Il fallait qu'il tourbillonne pour avoir le temps de tout faire.

Avec envie, Luc se dit qu'il aurait voulu tourbillonner dans le monde, lui aussi, de cette manière-là. Il n'aimait pas du tout ce Luc qui était en train de se demander comment faire pour fuguer.

Il finit cependant par partir. Juste

après le retour d'Axel. Il s'était fait quelques sandwiches qu'il avait fourrés dans son sac à dos rouge. Il avait pris aussi une boîte de pâtée pour chats, sa tirelire qui contenait trente-deux couronnes, une boussole que Tourbillon lui avait offerte et son oreiller. Il avait l'intention de signaler au personnel de l'hôtel qu'il n'avait besoin que d'une couverture et d'une paire de draps. Comme ça, les gens comprendraient qu'ils avaient affaire à un habitué qui savait s'y prendre pour fuguer.

La ville était loin. Luc marchait d'un pas décidé. Parfois il s'arrêtait pour voir s'il n'y avait pas trace de son chat. Mais il ne rencontra qu'un chien tenu en laisse par une vieille dame.

Il faisait nuit et une petite pluie fine s'était mise à tomber. Luc pressa le pas pour atteindre la ville avant qu'il ne pleuve vraiment. Sa mère et son père avaient sans doute commencé à se demander où il était passé. C'était l'heure à laquelle il se préparait habituellement pour la nuit. D'ailleurs, il commençait à avoir sommeil.

Lorsqu'il arriva en ville, il était tellement fatigué qu'il fut obligé de se reposer sur un banc. Il faillit s'endormir. Pour rester éveillé, il avala un des sandwiches qu'il avait emportés. Puis il se remit à marcher. Il y avait partout des magasins éclairés et quelque chose derrière une des grandes vitrines attira son regard : un gros chat noir était là à le lorgner. Il s'approcha mais se rendit vite compte qu'il était en porcelaine.

– C'est tout de même un signe, se dit-il. Ça signifie que Nuit se trouve quelque part dans cette ville.

Il avait besoin de savoir l'heure et il se dirigea vers un marchand de hot-dogs. Après être resté à l'écart dans l'ombre en attendant que le dernier client soit parti, il avança jusqu'au guichet pour se renseigner auprès de la vendeuse. Il fut obligé de se dresser sur la pointe des pieds pour avoir la tête à la hauteur.

– Il est neuf heures moins le quart, répondit la fille en mâchant du chewing-gum. Tu veux quelque chose ?

– Non, merci. Mais je vous remercie beaucoup.

– Et de quoi ? s'énerva-t-elle en refermant le guichet.

Luc s'éloigna rapidement. Cette fille lui avait fait peur. Les gens de la ville n'aiment peut-être pas les fugueurs qui se renseignent sur l'heure sans rien acheter.

Il se mit en quête d'un hôtel. Pour avoir la force de continuer sa fugue, il fallait qu'il dorme. Il longeait les rues, fatigué jusqu'aux larmes. Il était trop épuisé pour retourner à la maison. D'ailleurs il y avait longtemps qu'il n'avait plus de repères. Il ne serait même plus capable de retrouver son chemin. Il maudissait Nuit qui était à l'origine de tous ses problèmes.

Luc finit par déboucher sur une place où il vit une enseigne sur laquelle il put déchiffrer le mot « Hôtel ». C'était un grand bâtiment plein de fenêtres éclairées. On entendait de la musique et on voyait des gens en train de dîner. Il s'assit sur une marche, attrapa sa tirelire, l'ouvrit et vérifia son contenu. Il y avait bien trente-deux couronnes.

Il franchit la grande porte d'entrée et

entra dans une vaste salle où les gens allaient et venaient. Il entendit quelqu'un rire très fort et quelqu'un d'autre parler au téléphone dans une langue qu'il ne comprenait pas. Derrière un comptoir un homme distribuait des clés aux gens qui venaient le voir. Quand il n'y eut plus personne, Luc prit son courage à deux mains et s'avança à son tour. Le comptoir était tellement haut là aussi qu'il eut du mal à l'atteindre.

– Je voudrais dormir, dit-il à l'homme aux clés. J'ai apporté mon oreiller.

L'homme derrière le comptoir ne l'entendit pas. Luc répéta une deuxième fois, un peu plus fort, mais toujours sans résultat.

– Je voudrais dormir, cria-t-il alors, et j'ai apporté mon oreiller.

L'homme derrière le comptoir sursauta et finit par s'apercevoir de la présence de Luc.

– Qu'est-ce que tu dis ? demanda-t-il.

Luc répéta encore une fois et l'homme lui lança un regard sévère. Puis il chaussa ses lunettes et se pencha par-dessus le comptoir pour voir Luc de plus près.

– Dis donc, quel âge as-tu ?

Luc pensa qu'il valait mieux être poli.

– J'ai six ans, répondit-il. Je m'appelle Luc et je cherche mon chat. J'ai besoin de dormir maintenant, et j'ai apporté mon oreiller. Je peux payer, j'ai trente-deux couronnes.

– Oui, bien sûr !

L'homme hocha la tête d'un air pensif.

– Viens me voir, qu'on s'explique un peu tous les deux.

Il souleva l'abattant du comptoir et fit entrer Luc dans une petite pièce où il y avait un lit, une table et une télévision.

– Tu cherches donc ton chat, reprit l'homme.

– Oui, il a disparu.

– Et alors tu es parti en pleine nuit ?

Luc estima qu'il était plus prudent de dire la vérité.

– J'ai fait une fugue, expliqua-t-il. Pour retrouver un chat disparu, il faut faire une fugue.

L'homme acquiesça, l'air soucieux.

– Je comprends. Mais où habites-tu quand tu ne fais pas de fugue ?

– Rue des Sorbiers.

– Tu m'as bien dit que tu t'appelles Luc, n'est-ce pas ? Pour avoir une chambre d'hôtel, il faut donner son nom de famille aussi.

– Johanson, dit Luc.

L'homme sourit.

– Tu auras une chambre, bien sûr. Va t'allonger un instant sur mon lit pendant que je m'occupe des formalités. Tu as peut-être soif. Veux-tu boire quelque chose ?

– Je peux payer, insista Luc.

– Je te crois, dit l'homme en attrapant une bouteille de soda dans le réfrigérateur. Je reviens tout de suite.

Luc sortit son oreiller de son sac à dos.

Il était tellement fatigué qu'il tenait à peine sur ses jambes, mais en même temps il était fier d'avoir pu prouver qu'il était capable de faire une fugue.

Couché sur le lit, la tête sur l'oreiller, il suivait ce qui se passait derrière la porte entrouverte. De temps en temps

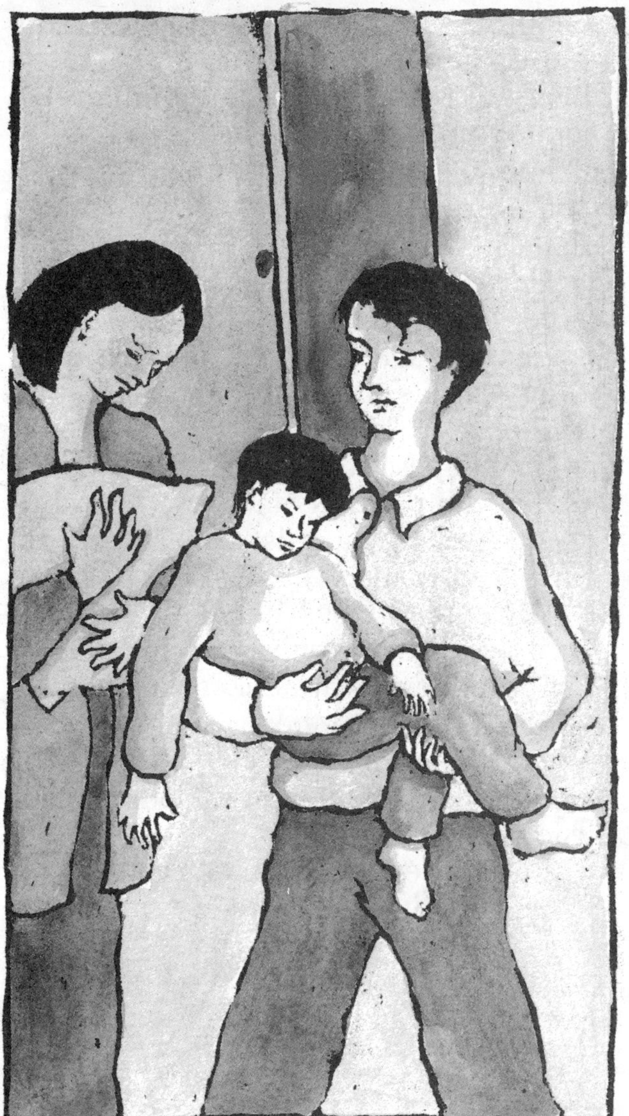

l'homme le regardait gentiment en souriant. Il était en train de feuilleter un livre qui ressemblait à un annuaire téléphonique.

Luc se demandait comment serait sa chambre et s'il y aurait des jouets dedans.

Il se demandait aussi s'il existait des hôtels pour chats disparus.

Ensuite il ne se posa plus de questions, car il s'endormit et ne pensa plus à rien.

Il ne s'aperçut pas qu'Axel et Béatrice étaient entrés dans la petite chambre, ni qu'Axel l'avait pris dans ses bras et l'avait porté jusqu'à la voiture.

Il n'entendit pas non plus l'homme aux clés dire à sa mère :

– Il semble très attaché à son chat.

– Oui. Il l'aime beaucoup, avait répondu Béatrice.

Puis ils avaient rejoint leur maison rue des Sorbiers.

Luc ne s'était aperçu de rien.

Il dormait.

Chapitre 9

Luc se réveilla le lendemain matin avec l'impression d'avoir rêvé tout ce qui s'était passé la veille.

Avait-il réellement fait ce long chemin à pied jusqu'en ville ? Et l'homme à l'hôtel, existait-il vraiment ou s'était-il effacé en même temps que le rêve ?

Mais en entrant dans la cuisine et en voyant le regard grave de Béatrice, il comprit que les événements de la nuit dernière avaient bien eu lieu. Il avait déjà vu cette expression dans les yeux de sa mère et il savait que quelque chose de sérieux était arrivé. Il n'avait donc pas rêvé.

Mais comment était-il rentré à la maison ? Il cherchait une explication. S'il s'était réellement rendu en ville à pied, il n'avait tout de même pas pu revenir chez lui en dormant ?

Non, il ne parvenait pas à comprendre. Béatrice ne disait rien. Elle ne faisait que soupirer. Luc n'avait pas envie de poser de questions. Il avait trop peur de la réponse.

Il déjeuna en silence et retourna ensuite dans sa chambre. Il ne savait pas quoi faire et n'avait plus le courage de penser à Nuit. Il rangea distraitement ses jouets en se disant que la rentrée était proche. Comment serait-ce ? Peut-être était-il de ceux qui n'arrivent pas à apprendre. Il fallait qu'il soit fixé tout de suite. Il décida donc d'essayer de lire l'heure et s'installa par terre, le réveil à la main. S'il réussissait, cela voudrait dire qu'il était capable d'apprendre.

Mais il fut interrompu dans ses efforts. Ce matin était réellement étrange. Il en eut encore la preuve, car Axel apparut soudain sur le seuil de sa chambre et le dévisagea. Pourquoi son père n'était-il pas parti avec son camion ? Peut-être était-il arrivé quelque chose ? Luc eut peur, mais son père lui fit un large sourire et s'assit par terre à côté de lui.

– Qu'est-ce que tu fais, Luc ?

– Rien. Je voulais seulement apprendre à lire l'heure.

– Ah bon, tu ne sais pas ? s'étonna Axel.

– Je sais presque mais pas tout à fait. J'ai du mal avec la petite aiguille.

– C'est normal, dit Axel. La petite aiguille est embêtante parce qu'elle avance vraiment lentement.

– Pourquoi n'es-tu pas parti avec le camion aujourd'hui ? osa-t-il demander enfin.

– J'ai pris un jour de congé. Je me suis dit qu'on pourrait faire quelque chose ensemble tous les deux.

Luc sentit son cœur battre plus vite. Jamais auparavant son père n'était resté à la maison pour être avec lui. Une seule fois, il n'était pas parti à son travail : c'était le jour où Tourbillon s'était cogné la tête en tombant d'un arbre.

Mais Luc n'était pas malade ! Alors pour quelle raison était-il là ?

– Qu'est-ce qu'on va faire ? demanda Luc.

– J'ai pensé qu'on pourrait aller sur le terrain de camping. On mettrait nos bottes et on ferait un tour dans la forêt. Avec un peu de chance on pourrait peut-être voir un élan.

À peine eut-il terminé sa phrase que Luc avait déjà enfilé ses bottes dans l'entrée.

Ils quittèrent la ville en passant devant l'école qui serait bientôt celle de Luc. Elle était encore vide, mais plus pour très longtemps puisque les grandes vacances touchaient à leur fin.

Luc s'aperçut que son père l'observait dans le rétroviseur. Quand leurs regards se croisèrent, Axel lui fit un grand sourire. Il en fut presque gêné. Il n'était pas habitué à ce que son père le dévisage sans raison.

Ils empruntèrent un petit chemin bosselé qui menait au lac. Axel baissa la vitre et l'odeur de la forêt pénétra dans la voiture.

Le terrain de camping était désert. Les caravanes étaient vides et abandonnées. Certaines avaient été rangées dans un jardin ou un garage en attendant que les longs mois d'hiver s'écoulent.

Axel descendit sur la berge pour regarder le lac. Luc le suivit et, comme son père, se campa sur ses jambes et mit ses mains sur ses hanches. De l'autre côté, ils voyaient de gros nuages noirs s'amonceler au-dessus de la forêt.

– Nous vivons vraiment au pays des pluies ! songea Axel à voix haute.

– Oui, répondit Luc sans savoir trop quoi dire. C'est vrai qu'il pleut souvent.

Il se rendit compte que sa réponse était un peu bizarre, comme s'il se prenait pour un adulte. Il n'avait pas envie de se comporter en grande personne. Ça ne sonnait pas juste.

– Allons-y, dit Axel. On n'a qu'à suivre le sentier là-bas.

Ils pénétrèrent jusqu'au cœur de la forêt. On ne pouvait plus voir le lac et il faisait sombre parmi les arbres comme en fin d'après-midi. De temps à autre ils entendaient un oiseau s'envoler.

– Les oiseaux nous voient, mais nous ne les voyons pas, dit Axel. C'est comme ça dans la forêt.

Ils arrivèrent à une clairière. Axel retira son bonnet et le posa sur une bûche avant de s'asseoir. Luc fit pareil.

Ça sert à ça, les parents, se dit-il. Ce sont eux qui nous montrent comment faire.

– Une région bien pluvieuse, reprit Axel.

Luc eut l'impression que son père avait quelque chose à lui dire mais qu'il avait du mal à trouver les mots.

– Je comprends que tu sois triste d'avoir perdu ton chat, commença-t-il après un long silence. Tu aimerais qu'il revienne, bien sûr. Mais les chats ne se laissent pas apprivoiser comme ça. Même s'ils habitent avec nous, ils restent sauvages. C'est un peu difficile à expliquer. Tu vois ce que je veux dire ?

– Oui, fit Luc.

Mais il n'était pas sûr d'avoir bien saisi. Un chat pouvait donc être sauvage et apprivoisé à la fois ? Était-ce pareil pour les hommes ? C'était peut-

être « Luc le Sauvage » qui s'était enfui la veille et « Luc l'Apprivoisé » qui était là maintenant, assis sur la bûche dans la forêt ?

– Il faut que tu te dises que Nuit est heureux d'avoir retrouvé sa liberté. Il se serait senti en prison si nous l'avions obligé à rester à la maison.

Axel cherchait ses mots. Il se gratta la tête avant de poursuivre.

– Il fallait qu'on parle tous les deux. Ta mère et moi, nous sommes un peu inquiets de te voir penser à Nuit tout le temps.

– Je veux qu'il revienne, dit Luc, et il sentit de nouveau sa gorge se serrer.

– Je crois que c'est mieux pour lui de se promener comme il veut dans cette région pluvieuse.

– Mais normalement les chats n'aiment pas la pluie, répliqua Luc.

– N'oublie pas qu'il pleuvait à verse le jour où Nuit a disparu. Je me demande s'il n'est pas un de ces rares chats à aimer la pluie.

Luc réfléchit. Son père avait peut-être raison. Nuit était sans doute le seul chat au monde à aimer la pluie ! Et s'il existait un Pays des pluies ? Luc posa la question à son père.

– Je crois bien qu'il en existe un, mais personne ne sait où. Ce que je sais par contre, c'est que tous les chats qui y vivent prennent leurs parapluies quand il fait soleil, et qu'ils restent dehors, dans les jardins, quand il pleut. Les gouttes sont douces et l'eau qui gicle vous donne une belle couleur dorée. Parfois la pluie qui tombe est si chaude que vous êtes obligés de chercher un peu de fraîcheur là où le soleil brille.

– Il est vraiment étrange, ce pays, dit Luc. On le trouve sur la carte ?

– Non, répondit son père. Ce sont seulement les chats les plus beaux et les plus remarquables qui savent quel chemin prendre. Ils n'ont pas besoin de carte. Ils se laissent simplement guider par les nuages.

– Et pour se nourrir ? s'inquiéta Luc.

– Il y a tout ce dont les chats ont besoin, le rassura son père. Ils sont mieux là que partout ailleurs.

Luc ne savait que penser. Il avait bien

compris que c'était une histoire que son père lui racontait et elle était très belle. C'était moins pénible de penser à Nuit après avoir écouté son père décrire ce pays étrange où il pleut presque tout le temps.

– C'est pour t'emmener dans cette forêt et pour parler de Nuit que j'ai pris un jour de congé, expliqua Axel.

– Nuit ne reviendra donc jamais ?

– Peut-être pas. Mais je suis sûr qu'il pense à toi autant que tu penses à lui.

– On pourrait aller le voir un jour ?

– Où ça ?

– Au Pays des pluies !

– On ne peut pas y aller, ni à pied ni en voiture.

– Mais alors, Nuit, comment a-t-il fait ?

Axel mit un certain temps avant de donner la réponse et Luc eut l'impression qu'en fait il ne la connaissait pas.

– Les chats ont des yeux spéciaux, finit-il par dire. Ils voient beaucoup mieux que nous dans le noir. Parfois la nuit, il tombe des gouttes grosses comme des ballons. Quand les chats veulent se rendre au Pays des pluies, ils se glissent à l'intérieur de ces gouttes et elles se mettent à tourner à toute vitesse. C'est comme ça qu'ils y vont.

Luc hésita. Ce que son père lui racontait lui semblait si extraordinaire qu'il se demandait s'il pouvait vraiment le croire.

– Je voudrais quand même que Nuit revienne, dit-il, au moins de temps en temps. On peut lui envoyer des lettres là où il est ?

– Il faudrait connaître l'adresse, dit Axel. Il suffit peut-être de poser la lettre sous le cassissier sauvage, là où Nuit avait l'habitude de dormir. Il se peut qu'il y ait des facteurs secrets qui s'en chargent.

Luc décida d'écrire à Nuit dès qu'il aurait appris. Il voulait aller à l'école tout de suite !

– Je ferai une lettre par jour, dit-il.

Ils repartirent main dans la main à travers la forêt. En arrivant à la voiture, Luc constata :

– On n'a pas vu d'élan.

– Non, mais il y a sûrement un élan qui nous a vus, répondit son père.

De retour à la maison, Luc mit une photo de lui-même dans une enveloppe qu'il posa sous le cassissier. C'était pour que Nuit n'oublie pas son visage.

Béatrice l'avait aidé à tracer :

POUR LE CHAT NUIT
AU PAYS DES PLUIES

Luc retrouva l'enveloppe sous le cassissier le lendemain, mais il était bien décidé à ne pas abandonner son idée. Il était convaincu que le facteur secret des chats viendrait la ramasser un jour ou l'autre.

Chapitre 10

Luc s'aperçut soudain qu'il ne riait presque plus. Lui, habituellement si joyeux et prêt à éclater de rire pour un oui ou pour un non !

C'était parce que Nuit n'était toujours pas là, bien sûr. Les jours lui semblaient tellement lourds à traîner. Chaque heure collait au sol comme une vieille botte boueuse.

Il se réveilla un matin de très mauvaise humeur. Il alla rejoindre Béatrice dans la cuisine.

– Bonjour, Luc, dit-elle. Tu as bien dormi ?

– Fous-moi la paix ! s'exclama Luc.
– Je t'interdis de me parler comme ça, dit sa mère d'un air sévère.
– La paix ! répéta Luc très fort pour que toute la rue des Sorbiers l'entende.
– Qu'est-ce que tu as ?
– Je ne veux pas aller à l'école.
– Bien sûr que si, dit Béatrice. Depuis le temps que tu attends la rentrée !
– Je ne peux pas aller à l'école tant que Nuit n'est pas revenu. Comment veux-tu que je fasse pour le chercher, si j'y vais ?
– Je te promets de surveiller la route à ta place quand tu seras à l'école.

Luc n'accepta pas cette promesse. Ce n'était pas suffisant de jeter un coup d'œil par la fenêtre de temps en temps.

Pour retrouver un chat disparu, il fallait passer tout son temps à le chercher.

– Je n'irai pas à l'école, répéta Luc et il quitta la cuisine.

Il faillit claquer la porte derrière lui, mais n'en fit rien, par crainte des colères que Béatrice était parfois capable de piquer.

– Tu ne déjeunes pas ? s'étonna sa mère.

– Je n'ai pas faim. Pourquoi faut-il manger tout le temps ?

Il enfila ses vêtements et sortit. L'air était frais et il grelotta en traversant le jardin pour atteindre le portail. Il n'y avait pas âme qui vive. Seule une pie, perchée sur la barrière, qui hochait la queue. Aucun de ses amis n'était dehors.

Luc s'approcha du cassissier sauvage.

Soudain, il s'arrêta.

La lettre ! Il avait complètement oublié la lettre. Et elle avait disparu ! Il n'y avait plus rien sous le cassissier.

Quelqu'un était venu chercher la lettre !

Il examina minutieusement l'endroit où il l'avait déposée, sous une pierre. Non, ses yeux ne l'avaient pas trahi. La lettre avait bel et bien disparu. Quelqu'un était venu la chercher pendant la nuit. À présent, elle était donc en route pour le Pays des pluies. Nuit la tiendrait bientôt entre ses pattes.

Luc se mit à rire. Il sentait son rire monter en lui pour éclater comme des bulles de chewing-gum. Personne n'était capable de rire comme lui quand il était vraiment heureux. Ça sonnait comme des trompettes, comme des chevaux hennissants, des pies croassantes.

Le voisin curieux, qui avait pris l'habitude de surveiller Luc, ne put s'empêcher de lui demander ce qui était si drôle. Mais au lieu de répondre, Luc continua à rire. Il était rassuré à présent : Nuit allait bien.

Or il n'arrivait toujours pas à comprendre pourquoi Nuit était parti. Peut-être aurait-il bientôt la réponse. Peut-être Nuit était-il un chat si extraordinaire qu'il était capable de transformer ses miaulements en mots compréhensibles pour Luc. Nuit saurait certainement tenir un crayon entre ses pattes pour écrire une lettre. Cela semblait tout à fait possible. Existait-il au fond des limites pour ce chat incroyable ?

Luc décida de retourner à la maison

pour faire une nouvelle lettre. Il n'était pas impossible que le facteur secret revienne la nuit prochaine. Il eut envie de tout raconter à Béatrice afin qu'elle l'aide à écrire. Il commençait aussi à envisager d'aller à l'école, malgré tout. Cela lui paraissait moins difficile, maintenant qu'il savait que Nuit aurait bientôt de ses nouvelles. Son chat regretterait peut-être d'être parti quand il recevrait la photo de Luc.

Luc projetait d'organiser un pays des pluies en miniature chez lui, dans sa chambre. Il n'avait qu'à accrocher un arrosoir au plafond, ce serait peut-être suffisant.

Il se mit à courir. Il était pressé. Il avait tant de choses à faire. Sans tarder ! Tout de suite !

Lorsqu'il ouvrit la barrière, il aperçut Tourbillon qui arrivait sur sa planche. Il était accompagné par quelques-uns de ses camarades.

– Alors, tu l'as retrouvé ton chat ? demanda-t-il.

– Non, dit Luc.

Il n'avait pas envie de raconter qu'il

avait envoyé une lettre au Pays des pluies. Il avait peur que Tourbillon et ses copains se moquent de lui et lui posent des questions difficiles. Autant ne rien dire.

– On va commencer à construire la piste, dit Tourbillon. Devine où !

Luc n'aimait les devinettes que lorsqu'il était certain de trouver la réponse. Il n'avait pas la moindre idée de l'endroit que Tourbillon et ses copains avaient choisi. Par conséquent il ne dit rien.

– Là-bas, dit Tourbillon en indiquant l'endroit.

Luc suivit l'index de son frère et fut horrifié.

L'endroit que Tourbillon lui montrait était justement celui où poussait le cassissier sauvage.

– C'est un bon endroit. On a juste à arracher ce vieux buisson.

– Ce n'est pas possible, dit Luc, d'une voix étranglée par la boule dans sa gorge.

– Et pourquoi donc ? Tu vas voir. On va rapporter des matériaux pour la construction.

Et ils repartirent en tourbillonnant.

Luc regarda les garçons s'en aller. Sa joie avait de nouveau disparu. Pourquoi fallait-il qu'ils construisent leur piste à l'endroit même où poussait le cassissier ? C'était absolument impossible ! Cet endroit appartenait à Nuit et personne n'avait le droit d'y toucher.

Il ne savait plus quoi faire. Comment expliquer à Tourbillon qu'il devait choisir un autre coin ?

Comment pourrait-il défendre son cassissier ? Tout seul. Nuit ne reviendrait jamais si le cassissier disparaissait.

Il chercha une solution. Le cassissier était sauvage, ce qui signifiait qu'il n'appartenait à personne. Et s'il l'achetait avec les trente-deux couronnes qu'il avait économisées ! Mais à qui les donner s'il n'y avait pas de propriétaire ? Nuit était le seul à s'en servir, par conséquent c'était peut-être lui le propriétaire ? Mais Nuit n'était pas là et, en plus, ce n'était qu'un chat. Non, ça ne pouvait pas marcher.

Luc se dirigea lentement vers le cassissier. Quelques baies desséchées pendaient au bout d'une branche.

C'est impossible, se répéta-t-il. Il ne faut pas que Tourbillon arrache le cassissier. Sinon Nuit ne reviendra jamais.

L'herbe était humide, mais Luc s'assit quand même par terre. Comment fallait-il s'y prendre pour défendre le buisson ? Lui seul contre toute la bande de Tourbillon ?

– Mon père ! s'écria-t-il. Il va comprendre, il va m'aider ! Nous avons discuté ensemble dans la forêt ! Lui au moins sait ce que ça signifie que d'aimer un chat par-dessus tout.

Luc se leva et retourna chez lui.

– Tu ne veux toujours pas déjeuner ? demanda Béatrice.

– Je n'ai pas faim.

Ce n'était pas vrai. Il avait faim. Mais il estimait indécent de manger alors que quelqu'un avait décidé de détruire le cassissier de Nuit.

– Tu ne te sens pas bien ? s'inquiéta Béatrice.

– Si, mais je veux être tranquille.

Béatrice l'observa sans rien dire. Elle le laissa seul avec ses pensées.

Luc s'installa sur une chaise près de la fenêtre pour surveiller le jardin. Il n'avait pas eu le courage d'enlever ses bottes qui laissaient une flaque d'eau sale par terre. Mais il s'en moquait.

Pourvu qu'ils ne reviennent pas déjà, pensa-t-il. Pourvu qu'ils aient besoin de beaucoup de temps pour rassembler tous les matériaux nécessaires. Pourvu qu'ils n'aient pas assez d'argent pour payer. Pourvu, pourvu, pourvu...

Ce qu'il espérait surtout, c'était qu'ils n'auraient pas le temps d'arracher le cassissier avant que son père ne rentre dîner.

Il avait mal au ventre d'inquiétude. Il était incapable de rester immobile sur sa chaise et alla rejoindre sa mère dans la cuisine.

– Est-ce que papa rentre dîner aujourd'hui ?

– Tu n'as pas enlevé tes bottes ? lui reprocha Béatrice. Regarde comme tu as sali partout !

– Papa va bien rentrer dîner aujourd'hui ? répéta Luc.

Béatrice le dévisagea en fronçant les

sourcils. Impossible de dire si elle était fâchée ou inquiète.

– Qu'as-tu donc ? demanda-t-elle.

– Rien. Je veux seulement savoir si papa rentre dîner.

– Il dînera à la maison comme tous les jours, dit Béatrice. Pourquoi ne rentrerait-il pas ?

– Je n'en sais rien. Mais il faut que je lui parle.

– Tu ne peux pas parler avec moi ?

– Non. Il n'y a que papa qui puisse comprendre.

Pour éviter d'autres questions, il retourna à sa chaise devant la fenêtre. Mais il passa d'abord dans l'entrée pour enlever ses bottes.

Tourbillon et ses amis n'étaient toujours pas revenus, mais il restait encore de longues heures avant le retour de son père.

Ne serait-il pas trop tard ?

Luc attendait.

Il ne se passait rien. De temps à autre il allait retrouver sa mère pour lui demander l'heure.

Il ne se passait rien.

Puis tout arriva en même temps.

D'abord, à son grand désespoir, il vit Tourbillon et ses amis revenir en traînant un chargement de planches. Puis il aperçut le camion de son père. Il poussa un cri et se précipita dans la cour pour aller à sa rencontre. Il avait complètement oublié d'enfiler ses bottes. Il n'y avait plus que le cassissier qui comptait. Il se demandait si son père allait comprendre que le cassissier était réellement important ou s'il allait laisser Tourbillon l'arracher.

Chapitre 11

Luc était parfois très étonné d'arriver à faire des choses qui, en réalité, dépassaient son courage. Comme ce jour-là, par exemple : il traversa le jardin en chaussettes et se mit à sauter et gesticuler devant son père qui, surpris, le regarda faire. Il s'efforça de lui décrire la situation mais s'embrouilla dans ses explications. Il était trop pressé, les mots se bousculaient dans sa bouche et sortaient n'importe comment. Il voyait bien que son père ne comprenait pas ce qu'il voulait dire. Il reprit du début, encore plus énervé, mais Axel secoua la tête.

– Non, je ne comprends pas ce que tu essaies de me raconter. Mais peut-être peux-tu m'expliquer pourquoi tu te promènes dans le jardin en chaussettes ? Si maman te voyait !

– Tourbillon veut arracher le cassissier, hurla Luc. Il ne faut pas qu'il le fasse puisqu'il appartient à Nuit. Il ne reviendra jamais si le cassissier n'est plus là. Dis-lui de construire la piste ailleurs !

– Calme-toi, voyons. De quelle piste parles-tu ?

– Le cassissier, cria Luc de nouveau. Le cassissier ! Le cassissier...

Il criait tellement fort que son frère et ses amis l'entendirent au loin. Tourbillon s'approcha à toute vitesse et mêla ses cris à ceux de Luc, si bien qu'Axel avait encore plus de mal à comprendre de quoi il s'agissait. Béatrice, alertée par le bruit dans le jardin, regarda par la fenêtre et vit que Luc n'avait pas de chaussures aux pieds.

– Rentre immédiatement ! ordonna-t-elle.

Luc ne voulait pas lui répondre, il n'avait pas le temps d'aller chercher ses chaussures. D'ailleurs il avait épuisé tous ses mots. Sa bouche était sèche. Il n'arrivait plus à sortir un seul son.

C'est alors qu'il fit encore une chose qu'il n'avait jamais osé faire auparavant. À vrai dire, il n'en avait pas le courage cette fois-ci non plus, mais il le fit quand même. Il se jeta sur son frère et se mit à le taper. Tourbillon se fâcha, bien sûr, et s'apprêtait à lui rendre les coups lorsque Axel le saisit par le bras. Béatrice arriva en courant et retint Luc qui tentait d'attaquer de nouveau Tourbillon. Cela faisait une bousculade terrible. Les autres garçons préférèrent rester à l'écart et repartirent sur leurs planches. Le voisin curieux suivait le déroulement des opérations avec intérêt depuis sa barrière.

– Arrêtez vos bêtises, dit Axel. Que signifie tout ça ?

– Je n'en sais rien, répondit Béatrice.

– Luc est un idiot ! cria Tourbillon en colère.

– Tais-toi ! dit Axel.

– C'est toi qui es un idiot, dit Luc à son frère.

– Taisez-vous, tous les deux ! enjoignit Axel d'une voix sévère.

Il était vraiment en colère. Il attrapa ses fils, les traîna jusqu'à la maison et claqua la porte derrière eux.

– Il ne faut pas que tu sortes en chaussettes, dit Béatrice. Tu vas attraper froid.

Luc ne répondit pas mais fixa avec étonnement les pieds de sa mère qui, elle aussi, avait oublié de se chausser. Il n'en fit pas la remarque puisque la seule chose qui comptait pour lui était le cassissier.

– Allons nous expliquer dans la cuisine, décréta Axel. Tous les quatre.

– Je commence, dit Tourbillon.

– Non, moi d'abord, l'interrompit Luc.

– C'est moi le plus grand, dit Tourbillon.

– Et moi le plus petit, répliqua Luc.

Axel poussa un soupir et s'installa devant la table de la cuisine.

– Il vaut mieux que je prenne les choses en main et j'estime que c'est Luc qui doit parler le premier. Mais ce n'est pas parce qu'il a crié le plus fort.

Luc lança un regard satisfait à Tourbillon. Il expliqua à son père pourquoi il ne fallait pas construire de piste à l'endroit où poussait le cassissier. Cette fois, les mots sortaient de sa bouche dans l'ordre, sans se bousculer.

Puis ce fut à Tourbillon de parler. Il regardait Luc avec des yeux furieux.

– On n'a eu que des problèmes depuis l'arrivée de ce chat. C'était déjà compliqué au début et ça continue ! J'espère qu'il ne reviendra jamais.

Luc poussa un cri et se jeta de nouveau sur son frère. Il fut tellement rapide que ni Axel ni Béatrice n'eurent le temps de l'en empêcher. La chaise de Tourbillon se renversa et les deux garçons se retrouvèrent par terre. Luc sentit la main puissante de son père l'attraper par le col et le relever.

Il était persuadé à présent que son père ne voudrait plus entendre parler ni de chat ni de cassissier. Mais il s'était trompé, car Axel éclata de rire.

– Ce chat nous a ensorcelés, dit-il. Je crois bien qu'il nous observe quelque part en cachette et qu'il s'amuse.

– Mais ce qui est sûr, c'est que sa cachette n'est pas sous le cassissier, dit Tourbillon.
– Nuit est capable de se rendre invisible, fit remarquer Luc.
– Allons jeter un coup d'œil sur ce cassissier, dit Axel en se levant de sa chaise. On peut sûrement construire la piste sans l'arracher.
– Non, ce n'est pas possible, affirma Tourbillon.
– Mais si, c'est possible, s'opposa Luc.
– Explique-moi comment ! dit Tourbillon.

Luc ne savait pas quoi répondre. Il avait seulement très peur qu'Axel ne trouve pas de solution au problème. Mais son inquiétude s'avéra inutile.

Axel s'adressa d'abord à Tourbillon pour lui demander d'expliquer ses projets. Ensuite il se mit à réfléchir et au bout d'un moment :
– Vous pouvez construire la piste au-dessus du cassissier. Ça lui fera un toit.

Tourbillon s'apprêtait à protester, mais Axel poursuivit :
– Comme ça personne ne touchera au

cassissier et vous aurez votre piste. Luc vous aidera pour les travaux. Ce n'est que justice, il me semble.
– On n'a pas envie de l'avoir dans nos pieds tout le temps, fit Tourbillon d'un air boudeur.
– Il peut au moins vous tenir les planches pendant que vous les sciez.
– Je veux un chien, dit Tourbillon subitement. Un gros chien qui aboie et qu'on appellerait Luc.
– On ne peut pas avoir un chat et un chien en même temps, fit remarquer Luc.
– Je crois que si, dit Axel, mais il vaut mieux attendre un peu avant d'avoir d'autres animaux. Il faut d'abord savoir si Nuit reviendra ou non.
– Il reviendra, dit Luc.
– Ce n'est pas impossible, admit Axel. C'est l'heure de passer à table maintenant et je ne veux plus de bagarres.

Tourbillon construisit la piste avec ses amis et Luc participa, contre la volonté de son frère. Il leur fallut presque une semaine et sans l'aide d'Axel, ils auraient eu du mal à en venir à bout.

Cependant, les travaux prirent fin et le cassissier eut un toit. Luc pouvait se glisser sous les planches et écouter le bruit des roulettes au-dessus de sa tête. Les jours de pluie il allait pouvoir s'y installer pour attendre Nuit.

Mais Nuit ne revenait toujours pas et la rentrée approchait. Tous les jours Luc demandait à sa mère de l'aider à écrire une nouvelle lettre pour Nuit. Il la glissait ensuite sous le cassissier. Le lendemain, elle avait disparu. Au fond de lui-même il savait qu'il n'existait pas de facteur secret qui venait ramasser ses lettres. Quand on a l'âge d'aller à l'école, on n'est pas naïf à ce point-là ! C'était peut-être le vent qui les emportait la nuit, ou bien un animal étrange qui aimait mâcher le papier.

Petit à petit, Luc essaya de se faire à l'idée de ne pas revoir Nuit. Il était parti pour de bon. Luc ne connaîtrait jamais la raison de ce départ. Nuit était une énigme impossible à résoudre.

Un jour, peu de temps avant la rentrée des classes, Luc fit une dernière tentative pour retrouver Nuit. Il avait accompagné sa mère en ville faire des courses. Il avait emporté les trente-deux couronnes mais sans rien dévoiler de ses projets.

À côté du supermarché, il y avait un jardin public avec une aire de jeux pour les enfants. Il avait déjà eu l'autorisation d'y jouer seul en attendant qu'elle ait terminé ses achats. En général elle en avait au moins pour une heure. Après avoir promis à sa mère de ne pas s'éloigner, il partit en courant.

En réalité, ce n'était pas au square qu'il se rendait. Il savait qu'il y avait une fontaine dans le jardin et que les gens y lançaient des pièces pour faire un vœu. À plusieurs reprises, son père avait dit que c'était une coutume stupide, mais Luc pensait qu'il n'avait plus rien à perdre. Il était persuadé que Nuit reviendrait s'il apprenait qu'il avait sacrifié tout son argent pour lui.

Tout essoufflé il arriva à la fontaine qui avait la forme d'un poisson et qui crachait de l'eau droit vers le ciel.

Ses économies se composaient non seulement de pièces mais aussi de billets. C'est pourquoi il avait décidé de lancer sa tirelire dans la fontaine pour éviter que les billets ne s'envolent ou ne restent à la surface.

Il était seul devant la fontaine. Il savait qu'il ne fallait penser à rien d'autre qu'à son vœu s'il voulait qu'il soit exaucé.

Il monta sur le rebord, serra les dents et pensa de toutes ses forces à Nuit.

Pour mieux se concentrer, il avait fermé les yeux, si bien qu'en lançant sa tirelire il perdit l'équilibre et tomba de tout son long dans la fontaine.

L'eau n'était pas bien profonde, mais elle était glaciale. Luc grelottait de froid. Il essaya de repérer l'endroit où était sa tirelire, mais l'eau écumante et opaque l'en empêcha.

En claquant des dents, il courut à travers le jardin. Au lieu d'attendre sa mère à la voiture, il pénétra dans le magasin et finit par la retrouver parmi les rayons.

– Mais tu es trempé ! s'écria-t-elle, stupéfaite. Qu'as-tu fait ?

– C'est un secret, répondit Luc. Il y a

des secrets qui vous mettent dans cet état.

Au grand étonnement de Luc, elle ne posa pas d'autres questions. Peut-être se doutait-elle que cela avait un rapport avec Nuit.

Elle laissa son caddie plein pour ramener son fils à la maison et lui donner des vêtements secs.

– Je veux bien que certains secrets vous mettent dans un état pareil, mais aujourd'hui je ne veux plus d'autres secrets de ce genre.

– Promis ! dit Luc.

Béatrice retourna dans le magasin terminer ses courses et Luc s'installa devant la fenêtre pour attendre Nuit. Mais il ne revint pas ce jour-là non plus, et pourtant Luc avait failli tout sacrifier dans la fontaine, même sa propre vie.

Il ne restait plus qu'une chose à faire.

Attendre.

Chapitre 12

La nuit qui précéda la rentrée scolaire, Luc fit un rêve étrange. D'abord il eut du mal à trouver le sommeil. Béatrice resta longtemps assise sur le bord du lit à lui lire quelques-uns de ses contes favoris. Elle lui dit aussi de ne pas s'inquiéter pour sa première journée d'école. Il avait déjà rencontré la maîtresse et connaissait plusieurs enfants qui seraient dans la même classe que lui.
– Je n'ai pas peur, dit Luc.
– C'est très bien. Alors, bonne nuit, mon petit.

Elle quitta la chambre mais laissa une lampe allumée avant de refermer doucement la porte. Luc écoutait le bruit de la télé qui parvenait par bribes jusqu'à lui, quand son rêve étrange commença. Il n'était même pas encore endormi.

La faible lumière de l'ampoule se dessina par transparence sur l'abat-jour rouge et Luc eut soudain l'impression qu'elle s'amplifiait. Le plafond se mit à scintiller comme un ciel étoilé. Une demi-lune, accrochée à l'étagère où était couché son vieux nounours, répandit une pâle lueur. On aurait dit qu'elle était descendue du ciel et qu'elle s'était introduite dans la chambre à travers la fenêtre fermée. Par terre il y avait un feu de camp. Les ombres dansaient le long des murs et Luc se dit que ce ne pouvait être qu'un rêve. Pourtant il ne dormait pas !

Pendant un court instant il eut peur et remonta le drap au-dessus de sa tête. Mais, en sentant l'odeur du feu de camp s'infiltrer sous le drap et atteindre ses narines, il se dit que ce rêve n'était certainement pas dangereux, seulement inhabituel et mystérieux.

Il se dégagea des draps et se dressa dans son lit.

Mais oui, sa chambre était entièrement transformée. Il s'aperçut soudain que les rideaux ressemblaient à une porte. Il se laissa glisser de son lit et s'approcha prudemment de la fenêtre en évitant de passer trop près du feu.

Il écarta les rideaux et constata que la fenêtre était effectivement devenue une porte.

Il tourna lentement la poignée. Il n'y avait plus de jardin de l'autre côté. Il n'y avait pas de maisons, ni de rue des Sorbiers. Il y avait quelque chose d'autre, quelque chose de très étrange...

Luc retourna s'asseoir sur son lit et remarqua aussitôt, tout près du feu, un objet jaune. D'abord il ne comprit pas très bien de quoi il s'agissait, mais en se penchant il vit que c'était le collier de Nuit. Celui qu'il portait le jour où il était parti pour le Pays des pluies.

Son cœur se mit à battre plus vite. Nuit était là, très proche de lui. Il retourna auprès de la fenêtre.

Comme la lune et les étoiles avaient pénétré dans sa chambre, il faisait vraiment noir dehors. Mais il voyait très bien malgré l'obscurité.

Je suis exactement comme Nuit, pensa-t-il. Dans ce rêve étrange je suis capable de voir dans le noir aussi bien que Nuit.

Un bruit lui parvint qui provenait des ombres et il l'identifia immédiatement. Son ouïe également était devenue aussi fine que celle de Nuit.

Mais était-ce vraiment Nuit qu'il entendait miauler dans le noir ?

Il eut l'impression de distinguer une forme noire, mais il n'en était pas certain. Il retint son souffle et tendit l'oreille. Le miaulement se fit de nouveau entendre.

– C'est bien Nuit. Finalement tu es revenu ! Tu es revenu me voir, même si c'est seulement dans un rêve étrange !

Une échelle était appuyée contre le mur, juste devant la fenêtre transformée en porte. Luc se mit à descendre.

Bien que le temps soit plutôt frais, il n'avait pas froid.

Je dois avoir une fourrure comme celle de Nuit, se dit-il, même si ça ne se voit pas.

Il se rapprochait du sol. Chaque fois qu'il posait le pied sur un barreau, il entendait une musique différente. Au dernier barreau, ce fut sa chanson préférée : *Staffan Stalledräng*. Il se souvint alors qu'il l'avait chantée pour Nuit l'un des derniers jours qu'ils avaient passés ensemble.

Arrivé en bas, il s'aperçut qu'une petite pluie fine avait commencé à tomber, sans le mouiller. Elle était chaude comme sous une douche.

Je dois être au Pays des pluies, constata-t-il. Nuit a dû comprendre que je ne réussirais jamais à trouver le chemin de son pays, il l'a donc transporté jusqu'ici. Grâce à ce rêve.

Luc entendit de nouveau miauler, un peu plus loin cette fois-ci, et il se dirigea dans cette direction. Il avançait tout doucement, sans faire de bruit et en prenant soin de ne pas marcher sur les feuilles sèches. Il écoutait la pluie chaude et pensait qu'elle ressemblait à

des chansons. Les gouttes faisaient de la musique en tombant et c'était presque aussi beau que lorsque sa mère chantait.

Soudain il s'arrêta, frappé par une idée : et si jamais il se plaisait vraiment bien dans le Pays des pluies, trop bien pour vouloir retourner chez lui ! Peut-être n'irait-il jamais à l'école, ni demain ni un autre jour !

Il eut peur de ne pas retrouver le chemin de sa maison et se retourna pour jeter un coup d'œil derrière lui. La porte de sa chambre était encore grande ouverte, et la lumière était restée allumée. L'échelle était appuyée contre le mur. Un rayon de lune éclairait le sol juste devant ses pieds. Il n'avait qu'à suivre cette lumière pour regagner sa maison.

Il entendit de nouveau le miaulement et continua à avancer. Il n'y avait pas une seule maison, mais des petits buissons curieux – identiques les uns aux autres – qui poussaient partout. Il comprit soudain que c'étaient des parapluies. Des parapluies plantés dans la terre. Personne n'avait besoin de parapluies dans le Pays des pluies, bien entendu, on les laissait donc pousser librement, comme bon leur semblait.

Il s'arrêta encore, sans savoir pourquoi. Il savait seulement qu'il fallait rester absolument immobile. *Il y avait quelqu'un juste à côté.* Il tendit l'oreille en scrutant l'obscurité qui l'entourait.

Et il le vit ! Nuit était là, assis tout en haut d'un rocher. Il faisait sa toilette à grands coups de langue. Sentant le regard de Luc, il tourna la tête et leurs yeux se rencontrèrent. C'était comme si des rayons lumineux allaient et venaient entre eux.

Nuit miaula et leva la queue. Luc, toujours immobile, sentit les larmes perler à ses paupières. Il avait peur qu'elles éteignent les lumières qui passaient entre lui et son chat.

En se mettant sur la pointe des pieds et en tendant la main au maximum, il arrivait presque à toucher Nuit. Presque seulement. Il manquait un tout petit bout pour qu'il puisse le caresser.

– Descends s'il te plaît, dit-il. Viens à côté de moi.

– Je ne peux pas, répondit Nuit.
– Alors, c'est moi qui vais monter, dit Luc.

Nuit le contemplait de ses yeux graves.

– Je voudrais bien, répondit-il, mais si tu montes jusqu'ici, tu ne pourras plus jamais redescendre, il faudra que tu restes dans le Pays des pluies pour toujours.

– Je ne demande pas mieux, dit Luc. Je ne veux pas aller à l'école et je n'ai pas envie de retourner dans mon lit. Je veux rester avec toi.

– Je sais, dit Nuit, mais tu es obligé de rester avec les hommes. Tu ne peux pas vivre ici parmi les chats.

– Dans ce cas, il faut que tu reviennes chez nous, dit Luc. Vous, les chats, vous pouvez vivre parmi les hommes.

Nuit hocha lentement la tête.

– Je te promets de revenir. Je reviendrai te voir en rêve.

– Ça ne suffit pas ! s'exclama Luc, désespéré à présent. Je veux que tu sois avec moi tout le temps. Pourquoi es-tu parti ? Qu'est-ce que j'ai fait pour que tu me quittes ?

– Tu n'as rien fait. Au contraire, tu m'aimais tellement fort que j'ai osé suivre mon propre chemin. Je sais que tu penseras à moi, toujours. C'est grâce à ça que j'ai pu partir pour le Pays des pluies.
– Qu'est-ce qu'il y a de plus ici ? Pourquoi est-ce mieux ici que chez nous, rue des Sorbiers ?
– Je ne peux pas te le dire, répondit Nuit. Je ne le sais pas encore. Mais j'ai senti qu'il fallait que je parte. Ce sera pareil pour toi, un jour. Tu devras faire quelque chose qui te dépassera. C'est du moins l'impression que tu auras. Mais tu le feras et ce jour-là tu penseras à moi.
– Je ne comprends pas ce que tu dis. C'est trop compliqué pour moi.
– Un jour tu comprendras. En fait, toute cette histoire parle de toi, et seulement de toi. Pas de moi. Je ne suis qu'un chat disparu, après tout. Je voudrais que tu sois content quand tu penses à moi, même si je ne reviens pas. Je te manque peut-être, mais je ne veux pas que tu aies du chagrin.

Nuit tendit une patte soyeuse vers Luc qui put la frôler un court instant.

Et il disparut.

Luc suivit le rayon de lune en courant, grimpa l'échelle et regagna son lit.

Au plafond le ciel étoilé s'effaça peu à peu, la lune repartit par la fenêtre, le feu de camp s'éteignit. Il n'y eut plus que la lumière habituelle de la lampe de chevet.

Luc ferma les yeux pour essayer de replonger dans son rêve, mais il s'endormit pour de bon et ne se réveilla que lorsque Béatrice entra dans sa chambre le lendemain matin.

Tous les événements de la nuit repassèrent dans sa tête.

– Tu ne trouves pas que ça sent le brûlé ? demanda-t-il.

Béatrice eut l'air étonné.

– Pourquoi veux-tu que ça sente le brûlé ?

– A cause du feu de camp.

Béatrice lui fit un grand sourire.

– Tu as dû rêver, dit-elle. As-tu oublié que tu vas à l'école aujourd'hui ?

– Non, pas du tout, dit Luc en sautant du lit.

Il se tint un moment devant la fenêtre

et vit que tout était comme d'habitude : les maisons, la rue, les jardins. Le cassissier solitaire était toujours là, devant la barrière.

– Tu me raconteras ton rêve au petit déjeuner, dit Béatrice.

– Il n'y a rien à raconter. C'est tellement étrange.

Quand sa mère fut sortie de sa chambre, il s'installa de nouveau sur son lit. Il avait envie de revivre son rêve encore une fois avant de s'habiller. Il pensait avoir compris le message de Nuit.

Le premier jour de classe, la maîtresse allait sans doute demander aux enfants de raconter une histoire drôle ou intéressante, et il savait qu'il allait raconter l'histoire étrange d'un chat extraordinaire appelé Nuit. Son histoire serait la plus étonnante de toutes.

Chapitre 13

Dès le premier jour, Luc sut qu'il se plairait à l'école. L'idée de s'y rendre tous les jours – en automne, en hiver et au printemps pendant au moins dix ans, c'est-à-dire bien plus qu'il n'avait vécu jusqu'ici – ne lui faisait pas peur. La vie lui paraissait tellement longue. Il avait l'impression de suivre une route sans fin.

Sa mère l'accompagna. Luc aurait préféré que ce soit son père, mais celui-ci n'avait pas pu se libérer.

– Tu me raconteras ce soir, avait-il dit. Je me souviens à peine de mon premier jour d'école, mais en t'écoutant, ça me reviendra peut-être.

Malgré un petit vent frisquet, le grand jour fut accompagné par un soleil étincelant. Quand Luc passa la petite grille du jardin, il jeta un œil sur la piste et le cassissier sauvage. Une fois de plus, il constata que son chat n'était pas là.

D'ailleurs il aurait été bien étonné de voir le bout de sa queue, puisqu'il savait à présent que Nuit vivait dans un pays étrange où poussent des parapluies sauvages.

Nuit était vraiment bon et intelligent. Il n'avait pas voulu que Luc soit angoissé le jour de la rentrée scolaire à cause de sa disparition. C'est pour ça qu'il était apparu en rêve, pour lui donner des nouvelles !

Ou bien alors c'était peut-être la tirelire qu'il avait jetée dans la fontaine qui avait tout déclenché et qui était à l'origine de son rêve extraordinaire.

Luc continuait à examiner les différentes possibilités tout en marchant. Il aurait voulu avoir l'avis de sa mère, mais c'était impossible puisqu'il lui avait déjà dit qu'il y a des secrets dont il ne faut pas parler. Non, il ne fallait rien révéler au sujet de son vœu. Du moins, pas encore. Peut-être pourrait-il en parler plus tard, dans quelques jours, et alors à personne d'autre qu'à sa mère.

Ils s'approchèrent du grand bâtiment et Luc eut de plus en plus de mal à concentrer ses pensées sur Nuit. C'était vraiment important d'aller à la grande école ! La première rentrée n'a lieu qu'une fois dans la vie et il ne faut absolument pas la rater. On risque de l'oublier plus tard, comme avait fait son père. Il faut être très attentif à tout ce qu'on fait une seule fois dans sa vie.

– Tu te souviens de ton premier jour d'école ? demanda-t-il à sa mère.

– Bien sûr. Tout le monde s'en souvient, répondit-elle en souriant, tout le monde sauf ton père.

– C'était quand ? Il y a longtemps ?

– Oh oui, soupira Béatrice. C'est beaucoup trop loin.

– Mais c'était quand ?

– Il y a plus de vingt-cinq ans.

Luc n'arrivait pas à s'imaginer une telle durée. Mais il trouvait rassurant de savoir que le temps était si long. Il avait tellement de choses à faire : dormir, s'amuser, aller à l'école. Sans oublier : penser à son chat disparu !

Une question lui vint soudain à l'esprit.

– Un chat peut vivre jusqu'à quel âge ?

– Je n'en ai aucune idée. Longtemps, je pense.

– Combien d'années ?

– Vingt, peut-être.

– Pas vingt-cinq ?

– Je crois bien que si. Il existe certainement des chats qui vivent vingt-cinq ans.

L'idée que Nuit devienne si vieux et qu'il ait besoin de marcher avec une canne fit rire Luc. Peut-être lui faudrait-il quatre cannes, une pour chaque patte...

La sonnerie interrompit sa pensée. Il fallait se diriger vers la salle de classe.

Le cours commença.

La maîtresse demanda aux enfants de réfléchir à une histoire amusante qu'ils pourraient raconter à leurs camarades les jours suivants.

– Je parlerai de Nuit, dit Luc à sa mère, de retour à la maison après son premier jour d'école.

Elle fronça les sourcils.

– Ça ne me semble pas très amusant. La disparition de ton chat t'a donné tant de chagrin !

– Je n'en ai plus.

– Ah bon, dit Béatrice, étonnée, comment est-ce possible ?

– Je sais maintenant que mon chat va bien, répondit Luc.

– Tu sais où il est et tu ne m'en as rien dit !

– J'ai rêvé de lui. Et il va bien. Il est seulement parti en voyage. Dans un autre pays. Mais je ne peux pas t'en dire plus. Le reste est un secret.

– En voilà une grande nouvelle. Papa va être content de l'apprendre. Et Tourbillon aussi.

– Non, pas Tourbillon. Il ne faut pas qu'il le sache, déclara Luc d'un ton sévère. Si je lui dis que Nuit est parti en voyage, il voudra qu'on lui achète un chien.

– Dieu m'en garde ! Je ne veux plus d'animaux dans cette maison.
– Non, Nuit nous suffit. Ce n'est pas parce qu'il est parti en voyage qu'il n'habite plus avec nous, n'est-ce pas ?

Cet après-midi-là, Luc se glissa sous la piste de skate pour pouvoir réfléchir tranquillement à la façon de parler de Nuit à ses amis d'école. Ça n'allait pas être facile. Il fallait raconter la « vraie » histoire mais simplement et clairement, ce qui n'était pas commode... Nuit était si peu ordinaire !

Il commençait à faire trop froid pour que Luc s'attarde sous la piste, mais il avait réussi à trouver une solution à son problème. Il savait comment s'y prendre !

Il entendit le camion d'Axel et sortit de sa cachette pour aller à la rencontre de son père.
– Je vais te raconter mon premier jour d'école, cria-t-il.

Axel sourit.
– Ça me fait plaisir de te voir aussi joyeux.

Luc renifla la salopette de son père. Elle sentait l'étable.

– Tu as fait une livraison à l'abattoir aujourd'hui, affirma Luc.

Axel fit oui de la tête.

Luc était fier d'avoir su deviner !

Trois jours après la rentrée, ce fut le tour de Luc de présenter son histoire. Il avait apporté toutes les photos qu'il avait de son chat pour les montrer à ses camarades d'école. Il raconta tout au sujet de Nuit et il répéta tout ce que Nuit lui avait dit dans le rêve étrange. Car si Nuit était revenu, c'était bien pour offrir à Luc la plus étrange des histoires et pour lui permettre de raconter la plus belle et la plus intéressante des aventures.

Cependant il eut encore des doutes. Il n'était pas complètement certain d'avoir réussi à faire comprendre à ses amis à quel point Nuit était un chat extraordinaire. Aussi décida-t-il, pour plus de sûreté, de continuer à parler de Nuit pendant les récréations. Il arrivait qu'un de ses amis lui dise qu'il ne voulait plus entendre parler de son chat disparu. Alors Luc avait un peu de peine, bien sûr, mais il ne se décourageait pas pour autant.

Un jour, Luc découvrit qu'il avait un surnom. Personne ne savait qui en était l'auteur.

Quelqu'un avait dû le prononcer, quelqu'un d'autre l'avait répété et ce petit nom avait fini par s'imposer. C'est souvent ainsi que ça se passe. Les surnoms ont leurs secrets, comme les chats et les êtres humains.

On ne peut jamais être sûr de leur origine. C'était peut-être Nuit qui l'avait prononcé le premier. Il l'avait sans doute chuchoté au vent qui l'avait emporté avec lui jusqu'à la cour de récré. Quelqu'un l'avait attrapé au vol et remis à quelqu'un d'autre.

Impossible de savoir.

Toujours est-il qu'un jour Luc avait entendu appeler :

– Lucky Nuit.

Il s'était retourné, certain que c'était à lui qu'on s'adressait.

Lucky Nuit. Lucky Nuit.

D'abord il avait trouvé que ça sonnait

bizarrement, comme un mot d'une langue étrangère. Mais il s'était habitué très vite et finalement tout le monde, à part la maîtresse, ne l'appelait plus que par ce petit nom.

Lucky Nuit. Lucky Nuit.

Ce jour-là fut l'un des plus importants de sa vie. Tourbillon n'était plus le seul à avoir un surnom. Ils étaient deux à présent dans la famille.

– Il est curieux, ton petit nom, fit remarquer Tourbillon. Mais il n'est pas mal. Il ne ressemble à aucun autre.

– C'est comme mon chat, répliqua Luc.

– Mais il a disparu, ton chat ! s'énerva Tourbillon. Arrête d'en parler ! Apprends donc plutôt à faire de la planche. Personne ne veut plus entendre parler de ce chat !

Luc ne dit rien. Avant, il aurait sans doute eu de la peine, mais quelle importance maintenant ! Quand on s'appelle Lucky Nuit, on ne fait pas attention aux remarques d'un grand frère qui, par-dessus le marché, ignore que le chat le plus extraordinaire du monde vit dans un pays où poussent des parapluies !

Aucune importance ! se dit Luc. Je n'ai pas l'intention d'arrêter de parler de Nuit. Si personne ne veut m'écouter, je parlerai pour moi tout seul. Personne ne me privera de mon chat.

L'hiver arriva avec la neige qui recouvrit la piste de skate et le cassissier. De temps en temps Luc voyait dans la neige blanche des traces de pattes de chat, mais il savait que c'était un autre chat qui était passé par là. Nuit, lui, vivait dans un pays où une petite pluie chaude et chantante tombait sans interruption. Il était là, perché sur son rocher, à nettoyer son beau pelage et à réfléchir.

Son chat était le roi du Pays des pluies et ce rocher était son trône. C'est de là qu'il surveillait son immense royaume. Il recevait la visite des autres chats uniquement quand lui le jugeait bon. Lors d'occasions particulièrement solennelles, il partait, grâce à son rêve, pour s'entretenir avec Luc.

Alors le monde entier retenait son souffle.

Personne n'était autorisé à déranger Nuit et Lucky Nuit pendant ces rencontres.

Personne !

Chapitre 14

Et ensuite ?

Que s'est-il passé ?

Nuit ne revint jamais. Il était parti définitivement pour le merveilleux Pays des pluies dont rêvait Luc et auquel il pensait constamment.

Chaque fois que le ciel se couvrait et que la pluie se mettait à tomber, Luc appuyait son nez contre la fenêtre et cherchait à imaginer Nuit. Parfois il avait l'impression de distinguer la tête de son chat dans le dessin que la pluie avait tracé sur le carreau. Quelques gouttes qui avaient coulé le long de la vitre esquissaient la moustache, deux autres, restées immobiles et brillantes, formaient les yeux. Il voyait son chat dans la pluie et se disait qu'il était le seul chat au monde à aimer la pluie. Son amour pour la pluie était si fort qu'il était allé vivre là où elle tombe sans interruption : au Pays des pluies, situé au-delà de tous les chemins, de toutes les montagnes et de toutes les mers.

Luc espérait tout de même que son chat reviendrait un jour reprendre sa place sur l'oreiller à côté de lui. Il dormirait d'abord toute une journée et toute une nuit, et puis il lui ferait le récit de ses aventures.

Mais Nuit ne revint pas. Il arrivait que plusieurs jours s'écoulent sans que Luc pense à lui. Cela lui faisait un peu peur, risquait-il de l'oublier ? Il écrivit, sur un bout de papier accroché à sa porte, qu'il devait penser à Nuit au moins cinq minutes par jour.

L'école l'accaparait de plus en plus et Luc eut l'impression qu'une certaine distance s'installait entre lui et son chat. Immédiatement après sa disparition, il lui avait semblé que son chat continuait à vivre juste à côté de lui, mais petit à petit il s'éloignait pour ne plus être qu'une petite tache noire dans le lointain.

Plusieurs années s'écoulèrent.

Luc avait grandi et était devenu adolescent. Béatrice lui demanda un jour s'il ne voulait pas un autre chat.

– J'en ai déjà un, répondit-il. J'ai Nuit, même s'il n'est pas là pour l'instant.

– Ça fait plusieurs années qu'il est parti, objecta sa mère.

– Ça n'a pas d'importance. Je n'ai pas besoin d'en avoir deux. Nuit me suffit.

Luc continuait à retrouver Nuit dans son sommeil. Le même rêve se répétait chaque fois. Nuit, éclairé par la lune, était assis seul sur son rocher, dans une obscurité profonde. Il était en train de faire sa toilette : il passait sa patte sur son visage et nettoyait soigneusement sa fourrure. Subitement il dressait les oreilles, alerté par un bruit. Luc savait dans son rêve que c'était lui qui avait provoqué ce bruit. Puis Luc se retrouvait là, debout en bas du rocher, en train de parler avec son chat. Mais peu à peu tout s'estompait et disparaissait.

Nuit ne revint jamais et personne ne le revit. Même adulte, Luc s'arrêtait quand il voyait un chat. Il savait, bien entendu, que ce n'était pas le sien, mais c'était comme si chaque chat qu'il rencontrait avait en lui quelque chose de Nuit. Il avait l'impression que tous les chats avaient rencontré Nuit et qu'ils lui apportaient de ses nouvelles.

– Dis-lui que je pense à lui, demandait Luc en se penchant pour caresser le chat inconnu. Dis-lui que tout va bien.

Tous ceux qui connaissaient Luc savaient qu'il aimait les chats, même s'ils étaient laids et agressifs. Il les appelait toujours pour pouvoir les caresser. Certains croyaient Luc capable de parler le langage des chats. Mais cela n'était pas vrai, bien sûr.

Ce qui est vrai par contre, c'est que

Luc n'a jamais pu oublier Nuit. Toute sa vie il a pensé à lui et il voyait toujours la même image : Nuit qui s'éloignait pour se rendre dans ce pays secret et merveilleux qu'était le Pays des pluies.

Castor Poche

Des livres pour toutes les envies de lire,
envie de rire, de frissonner, envie
de partir loin ou de se pelotonner dans un coin.

Des livres pour ceux qui dévorent.
Des livres pour ceux qui grignotent.
Des livres pour ceux qui croient ne pas aimer lire.
Des livres pour ouvrir l'appétit de lire et de grandir.

Castor Poche rassemble des textes du monde entier ; des récits qui parlent de vous mais aussi d'ailleurs, de pays lointains ou plus proches, de cultures différentes ; des romans, des récits, des témoignages, des documents écrits avec passion par des auteurs qui aiment la vie, qui défendent et respectent les différences. Des livres qui abordent les questions que vous vous posez.

Les auteurs, les illustrateurs, les traducteurs vous invitent à communiquer, à correspondre avec eux.

Castor Poche
Atelier du Père Castor
4, rue Casimir-Delavigne
75006 PARIS

Castor Poche

A chacun ses intérêts, à chacun ses lectures.

9 séries à découvrir :
Aventures
Contes et Fables
Connaissances
Fantastique et Science-fiction
Histoires d'Animaux
Humour
Le monde d'Autrefois
Mystère et Policier
Vivre Aujourd'hui

Castor Poche
Une collection qui s'adresse à tous les enfants
Benjamin : dès 3/4 ans
Cadet : dès 5/6 ans
Junior : dès 7/8 ans
Senior : dès 11/12 ans

Castor Poche, des livres pour toutes les envies de lire : pour ceux qui aiment les histoires contemporaines qui parlent de la vie de tous les jours, ici mais aussi dans d'autres pays. Voici une sélection de romans qui se passent aujourd'hui.

5 **Le fauteuil de Grand-Mère** — **Junior**

par Charlotte Herman

Sheila, la jeune Américaine, est furieuse. Elle vient d'apprendre qu'à dix ans elle va devoir partager sa chambre avec sa grand-mère. Pourtant, très vite, une complicité se noue entre elles, et Sheila fait tout ce qu'elle peut pour rendre la vie de sa grand-mère plus douce. Sheila ne manque pas d'idées mais elles sont rarement appréciées par sa grande sœur et ses parents...

13 **David l'étrange** — **Junior**

par Veronica Robinson

Un garçon de treize ans vient d'emménager dans une maison voisine. Les enfants cherchent à faire sa connaissance, mais le nouveau venu leur semble bizarre, étrange... C'est que David n'entend rien : il est sourd de naissance. Les enfants réussiront-ils à communiquer, à se comprendre ?

22 **L'autre** — **Senior**

par Andrée Chedid

Tôt le matin, Simm traverse un village paisible, quand tout à coup, tout bascule dans un tremblement de terre.

De toutes ses forces, de toute son âme, Simm cherche à sauver le jeune étranger avec lequel il a échangé un regard, une complicité, quelques secondes avant le drame.

86 **Balles de flipper** **Junior**

par Betsy Byars

Trois enfants délaissés par leurs parents respectifs, sont placés chez M. et Mme Mason. Carlie (quatorze ans), Harvey (treize ans), et Thomas (huit ans) ne se sentent pas plus responsables de leur destin que des balles de flipper. Mais lorsque Harvey sombre dans un profond désespoir, Carlie et Thomas sont prêts à se battre pour lui redonner goût à la vie...

87 **Plus de gym pour Danny** **Junior**

par Helen Young

Danny, un jeune Anglais très sportif, est sujet à des crises d'épilepsie. Tout l'entourage est au courant et le considère comme un enfant normal. Il n'en est fait ni drame ni mystère. Mais le nouveau professeur de gymnastique, effrayé, lui interdit la natation et tous les sports. Comment Danny, privé de son activité favorite, va-t-il réagir ?

93 **Viou** **Junior**

par Henri Troyat

Depuis la mort de son père, Viou vit chez ses grands-parents. Sa mère travaille à Paris et ne vient pas souvent la voir. Seule la tendre complicité du grand-père vient rompre la monotonie de la vie de Viou. Mais lorsque celui-ci disparaît à son tour, c'est tout l'univers de Viou qui bascule de nouveau...

99 **Les chants du coquillage** **Junior**

par Jean-Marie Robillard

Neuf nouvelles qui se déroulent sur les rivages marins, et qui nous invitent à la découverte de sa faune, de ses paysages, de ses habitants. « Nanou », « le rat », « le congre », etc. relatent des épisodes de cette vie accrochée à la mer, parfois drôle, parfois dangereuse mais toujours émouvante pour celui qui apprend à l'écouter.

122 **Manganinnie et l'enfant volé** **Junior**
par Beth Roberts

1830 en Tasmanie, au large de l'Australie. À la suite d'une attaque de colons blancs, une vieille aborigène, Manganinnie, est brutalement séparée de sa tribu. Elle la recherche désespérément en suivant le cycle des migrations ancestrales. Un jour, elle enlève une petite fille blanche pour l'élever comme un enfant de sa tribu, et lui transmettre les lois et les légendes de son peuple perdu. Que deviendront-elles toutes les deux ?

130 **Les 79 carrés** **Senior**
par Malcolm J. Bosse

Lorsqu'il fait la rencontre de M. Beck, Éric est au bord de la délinquance. À quatorze ans, il rejette tout de la société, et ses parents comprennent mal la confiance qu'Éric accorde à ce vieil homme, ancien détenu. Pourtant, c'est auprès de lui qu'Éric va réapprendre à VOIR le monde qui l'entoure... Mais bientôt, le village entier se ligue pour les séparer.

137 **La reine de l'île** **Junior**
par Anne-Marie Pol

Au large des côtes bretonnes se dresse l'île de Roc-Aël. Liselor et Grand- Père y vivent seuls, heureux, dans le vieux manoir familial délabré. Pourtant, à la veille de ses douze ans, Liselor sent ce bonheur menacé. Quel est donc le secret qui tourmente de plus en plus Grand-Père ?

143 **Prochain rendez-vous dans le pot de fleurs** **Junior**
par Marilyn Sachs

La vie n'est pas comme dans les romans, c'est du moins l'avis de Rebecca, quatorze ans. Il ne lui arrive jamais rien d'exaltant... Jusqu'au jour où de nouveaux voisins viennent s'installer dans l'appartement d'à côté. Tout va changer pour Rebecca.

160 Les enfants Tillerman (tome 2) **Junior**
par Cynthia Voigt
Suite de la saga des enfants Tillerman. La cousine Eunice, qui les a recueillis tous les quatre, parle de les adopter, mais elle trouve qu'à sept ans, Sammy est beaucoup trop indiscipliné, et elle envisage de le « placer ». Alors, Dicey, treize ans, entraîne une nouvelle fois ses frères et sœur sur les routes. Leur grand-mère maternelle, qu'on dit bizarre, n'est-elle pas leur dernière chance de trouver un foyer ? La route est longue jusqu'à chez elle et les embûches ne manquent pas...

170 L'odeur de la mer **Junior**
par Philippe Barbeau
Vermillon et ses dix copains de classe en font voir de toutes les couleurs à leurs instituteurs qui se succèdent à un rythme accéléré... Mais arrive M. Meunier, aussitôt surnommé « la Taupe ». D'abord victime de mauvais tours, la Taupe se fait peu à peu accepter. Les enfants découvrent au fil des jours le plaisir d'une autre école et se lancent dans l'aventure...

177 Enfant de la samba **Junior**
par Miriam Cohen
À Rio de Janeiro, c'est la fièvre qui précède le carnaval. Maria Antonia, qui danse comme elle respire, espère de toutes ses forces être choisie comme Reine des enfants pour le défilé. Mais arrive Teresinha. Maria brûle d'angoisse et de jalousie. Et si cette intruse allait lui « souffler » sa place ?

181 Je suis née en Chine **Senior**
par Jean Fritz
Jean, onze ans, est née et a grandi en Chine, mais elle se sait et se veut américaine. Elle ne rêve qu'au jour où elle partira pour ce pays qu'elle ne connaît pas. Mais la révolution gronde dans les rues d'Hankéou. Le départ tant attendu se fera dans la précipitation et sous le signe du danger...

188 Le survivant **Senior**
par Andrée Chedid
En pleine nuit, Lana apprend par téléphone que l'avion dans lequel son mari, Pierre, a embarqué quelques heures plus tôt, s'est écrasé dans le désert. Il n'y a qu'un survivant. Lana, convaincue qu'il s'agit de Pierre, part à la recherche de l'homme qu'elle aime, à travers oasis, villages, désert, solitude...

199 Le prix d'un coup de tête **Junior**
par Gérard Hubert-Richou
Stéphanie, onze ans, est l'aînée de quatre enfants. Elle comprend les difficultés financières que rencontrent ses parents mais elle a l'impression d'en faire seule les frais. Un beau jour, sur un coup de tête, elle décide de s'en aller. En attendant le train qui l'emmènera au soleil, un étrange individu l'aborde courtoisement : « Bonjour princesse, je vous ai reconnue... ».

201 Jamais deux sans trois **Junior**
par Thea Dubelaar-Balzamont
Malgré le panneau « défense d'entrer », les jumeaux Rob et Rose pénètrent sur un chantier de construction. À l'aide d'une planche, ils descendent explorer les recoins d'une fosse aux murs de béton. Mais la planche casse... Les jumeaux sont bloqués au fond. Une petite fille entend leurs appels. Elle tente de les aider à sortir mais glisse à son tour. Ils sont trois maintenant dans le trou et la nuit tombe...

202 La chanson de Dicey **Junior**
par Cynthia Voigt
Après un été d'errance, les enfants Tillerman vivent chez Gram leur grand-mère. Gram ne se laisse pas facilement apprivoiser. L'acclimatation n'est simple pour aucun des quatre enfants. Un drame et un profond chagrin fourniront l'occasion de découvrir la force des liens qui se sont tissés entre les enfants et la vieille dame...

228 **Lucien et le chimpanzé** **Senior**
par Marie-Christine Helgerson

Dans un village près de Mâcon vivent le Grand-père et Lucien, un garçon de neuf ans dont les yeux immenses ignorent les gens et que tous appellent « la bête ». Au château, deux jeunes professeurs s'installent pour tenter une expérience : communiquer par gestes avec un chimpanzé. Et si, au contact du singe, Lucien apprenait à parler avec les gens... ?

231 **Mélodine et le clochard** **Senior**
par Thalie de Molènes

Un clochard sort de l'ombre, se penche sur la vitrine éclairée de la librairie, et lit passionnément un ouvrage d'astronomie... Il reviendra chaque jour et sa présence insolite servira de révélateur aux habitants de l'immeuble, en particulier à Mélodine et à Florence, sa grand-mère qui l'a élevée...

232 **Personne ne m'a demandé mon avis** **Junior**
par Isolde Heyne

Inka vit dans un foyer pour enfants en R.D.A. À l'occasion de son dixième anniversaire, elle exprime deux souhaits : avoir des parents adoptifs et être admise à l'École de sport. Un jour, dans la rue, une femme l'aborde à la dérobée, et lui annonce que sa mère, qu'elle croyait morte, vit en R.F.A. Loin de la réjouir, cette révélation inquiète Inka qui craint que sa vie n'en soit bouleversée.

237 **Coutcho** **Junior**
par José Luis Olaizola

La grand-mère de Coutcho n'y voit pas grand-chose et a de plus en plus de mal à exécuter des travaux de couture. Débrouillard, Coutcho, à neuf ans, trouve des petits métiers pour rapporter un peu d'argent à la maison. Les rencontres qu'il fera dans les rues de Madrid résoudront finalement bien des problèmes...

243 **Le lundi tout est différent** **Junior**
par Christine Nöstlinger

Tous les lundis, Kathi va coucher chez Lady, sa grand-mère de qua- rante-sept ans, tout à fait fantaisiste... Découvrant que Kathi a des poux, Lady la convainc de couper ses cheveux. Kathi accepte à la condition que sa grand-mère lui fasse une coiffure punk. À l'école, à la cantine, la coiffure de Kathi va faire beaucoup parler d'elle...

245 **Les manèges de la vie** **Senior**
par Andrée Chedid

Sept nouvelles composées d'actualités, de mémoires, de faits divers, qui se déplacent en divers points du globe pour toujours parler d'amitié, d'amour, de ces vies ordinaires métamorphosées par la souffrance, l'émotion.

246 **Les voleurs de lumière** **Senior**
par Victor Carvajal

Dans chacun de ces huits récits, un enfant prend la parole. Selon ce qu'il est - son courage, ses rêves et sa propre expérience -, il raconte la vie dans les bidonvilles du Chili quand, pour survivre, il faut résoudre autant de problèmes qu'il y a de jours dans l'année. Un fil conducteur relie toutes ces histoires : l'espoir, le goût de vivre et d'aimer...

249 **À bientôt Maman !** **Junior**
par Henryk Lothamer

Tous les enfants sont fous de joie de préparer leur départ pour la colonie de vacances. Seul, dans son coin, Alek écrit à sa mère. Même ses meilleurs amis ignorent cette correspondance. Alek a un second secret : un petit miroir rond qu'il prétend tenir de sa mère. Avant de s'endormir, Alek le presse contre sa joue et vit des aventures étonnantes...

253 **Pour une barre de chocolat** **Junior**

par John Branfield

Sarah est diabétique depuis l'âge de neuf ans, mais elle a beau savoir qu'il y va de sa vie, qu'il lui faut ces injections d'insuline, elle clame sa révolte : c'est injuste, pourquoi elle ? Crises de larmes et scènes familiales, trêves et reprises des hostilités, l'univers de Sarah n'est que montagnes russes...

254 **Le héron bleu**
Les enfants Tillerman **Senior**

par Cynthia Voig

Jeff a sept ans lorsque sa mère quitte la maison. Le garçon grandit dans la hantise de décevoir son père qu'il appelle « le Professeur ». Invité par sa mère, le temps des vacances, Jeff est à nouveau séduit par son charme et sa vivacité. Il ne vit plus que dans l'attente d'une nouvelle rencontre. Un rêve ruiné l'été suivant...

260 **Moi, Alfredo Perez** **Junior**

par Marie-Christine Helgerson

« Ma famille et moi avons quitté le Mexique pour un pays riche : les États-Unis. Riche ? Pas pour tout le monde. J'ai été ramasseur de fruits, laveur de vaisselle. Mais j'ai aussi mis en route un vieux projet : dénicher des choses rares et les vendre. J'ai longtemps trié des masses de camelote, jusqu'au jour où... »

261 **Rendez-vous sous l'horloge** **Junior**

par Isolde Heyne

Inka vit avec sa mère en R.F.A. depuis maintenant quatre ans. Un voyage de classe va lui permettre de retourner dans son pays natal, la R.D.A et de retrouver à Berlin Est son amie Tutty. Pour Inka, il est bien difficile de se faire une nouvelle vie...

Vivre aujourd'hui

266 Gaufrette, Petit-Beurre et Chocolat **Junior**
par François Schoeser
Gaufrette, Petit-Beurre et Chocolat, ce n'est pas seulement un bon goûter, mais aussi trois amies inséparables qui ont des idées plein les poches. Il y a Elsa, la blonde aux taches de rousseur, Fatima, café au lait, et Eugénie noire et crépue. Difficile de faire accepter cette amitié aux copains, aux parents surtout !

269 Ma grand-mère et moi **Junior**
par Achim Bröger
Au retour de l'école, Julia s'étonne de ne pas voir sa grand-mère à la fenêtre comme tous les jours. Elle se précipite et la trouve endormie sur son lit, très pâle. Grand-mère est malade. Est-ce grave ? Julia découvre en Dirk un véritable ami qui comprend tout, même l'inquiétude de Julia.

275 Ernest ou le passé composé **Junior**
par Patrick Vendamme
Les travaux de l'autoroute proche divisent les habitants du village de Roquevières. Dans leur hôtel-bar, le couple Marmousset accueille deux jeunes enfants. Aicha et Thomas, curieux de tout, rencontrent Ernest, gardien du château en vente depuis des années. Le vieil homme solitaire cherche un moyen d'arrêter les travaux qui menacent sa retraite...

278 Merci, Barnabé ! **Junior**
par Christine Arbogast
Lorque Jonathan décide d'abandonner ses études pour ouvrir un restaurant réservé aux enfants, Barnabé, son jeune frère, est enthousiasmé et n'a qu'un désir : participer, lui aussi, à cette entreprise passionnante ! Mais tout ne se déroule pas aussi facilement que prévu...

305 **L'enquête. Les enfants Tillerman** **Senior**

par Cynthia Voigt

À seize ans, James est mal dans sa peau. Toujours brillant en classe, il reste un solitaire qui se lie difficilement. Il voudrait en savoir plus sur ce père qui a abandonné sa femme et ses quatre enfants. James tente d'entraîner son frère dans son enquête. Sammy se laisse prendre au jeu, qui bientôt n'en est plus un...

309 **La maison en danger** **Junior**

par Marilyn Sachs

La maison des Ours, Fran Ellen l'adore. C'est une maison de poupée. La maîtresse a dit que le soir des vacances elle la donnerait à l'élève le plus méritant. Fran Ellen sait bien que ce ne sera pas elle : elle suce encore son pouce - à dix ans ! - et d'ailleurs personne ne l'aime. En plus, à la maison, la vraie, rien ne va. Avec une volonté farouche, Fran Ellen va tenter de faire face.

312 **La terre de Yenn** **Senior**

par Jean Coué

Il y avait alors le Bréac'h du bas avec ses toits d'ardoises, sa mairie et son clocher piqué sur le mouvant du ciel. Et il y avait le Bréac'h du haut. C'était une autre vie, une autre terre, isolée dans la profondeur de ses pierres, de ses moissons tardives. Une vie dure que Yenn, l'enfant du Bréac'h du bas, décide d'affronter.

313 **La maison retrouvée** **Junior**

par Marilyn Sachs

Maman est guérie, la famille à nouveau réunie... Tout sera bientôt parfait, même si la petite sœur adorée tarde à se laisser réapprivoiser, même si la maison des Ours a durement souffert de ces deux ans d'abandon forcé. Mais rien n'est plus comme avant, Fran Ellen s'en aperçoit vite. Le plus dur sera de l'accepter, et d'accepter de grandir sans se laisser abattre.

315 **Tu avais promis !** **Junior**

par Kathy Kennedy Tapp

Passionnées par l'univers de Tarzan, Erin et son amie se sont aménagé un refuge secret. De cet endroit caché, Erin va faire une découverte qui la bouleverse... Que se passerait-il à la maison si sa mère apprenait la vérité ? Et ses projets de vacances ? Avec la joie de vivre de ses douze ans, Erin décide de se battre...

316 **Le défi d'Alexandra** **Senior**

par Scott O'Dell

Les Papidimitrios sont pêcheurs d'éponges depuis des générations. Au cours d'une plongée au large des côtes de Floride, le père est victime d'un accident. Sous la conduite de son grand-père, Alexandra décide de reprendre le difficile métier. Mais tous les dangers ne résident pas dans les profondeurs marines...

317 **Une page se tourne** **Senior**

par Jenny Davis

Edda, au seuil de l'âge adulte, se penche sur son enfance avec un regard lucide et tendre. La vie n'a pas toujours été facile pour son petit frère et elle. Leur mère a été durement marquée par la mort accidentelle de leur père, et le fait qu'elle soit tombée amoureuse de l'homme responsable de l'accident n'a pas simplifié les choses.

318 **Une grand-mère d'occasion** **Junior**

par Christine Arbogast

Finie la salle de jeux ! Les parents de Nicolas ont décidé d'y accueillir une pensionnaire. Et quelle pensionnaire ! La présence de Mme Ushuari va transformer bien des choses à la maison et dans la vie de Nicolas. Il faut dire qu'elle n'est pas une grand-mère comme les autres !

321 **L'enfant multiple** **Senior**

par Andrée Chedid

Marqué par la violence et la mort, Omar-Jo découvre Paris. Il rencontre Maxime le forain, qui laisse son manège à l'abandon. Et dans la nuit, les lumières s'allument, la musique éclate, la fête commence. L'enfant du malheur devient le messager de la joie.

323 **Drôle de Noël !** **Junior**

par Wolf Spillner

La grand-mère de Hans a pour seule compagnie un pigeon. L'animal vit dans sa cuisine, ce que sa belle-fille ne peut supporter. Le jour de Noël, il voit sa mère le pigeon mort à la main. Elle prétend l'avoir tué sans le vouloir. Hans tente alors de comprendre les sentiments de chacune.

325 **Le chasseur de Madrid** **Junior**

par José Luis Olaizola

Juan Lebrijano et sa famille quittent leur village pour s'installer à Madrid. Bientôt, Juan perd son emploi. Au cours d'une promenade dans un parc avec son fils Silverin il a l'idée de chasser les pigeons pour nourrir sa famille. C'est défendu par la loi, et Silverin va vivre bien des péripéties...

326 **Dégourdis à vos marques** **Junior**

par Edouard Ouspenski et Els de Groen

Bien des obstacles séparent Youri, soviétique, de Rosalinde, une amie hollandaise. Un concours international d'enfants modèles leur four- nira-t-il l'occasion attendue ? La sélection impitoyable des candidats et la présence de voleurs d'enfants se conjuguent pour offrir un récit plein de suspense et d'humour.

331 **Très chers enfants...** **Senior**
par Christine Nötlinger

Ce recueil est celui des lettres qu'Emma, âgée de soixante-quinze ans, aurait aimé adresser à sa famille. Parfois ironique, toujours drôle, le ton est celui d'une grand-mère soucieuse du bonheur de son entourage... et du sien.

332 **Un bateau bien gagné !** **Junior**
par Lee Kingman

Alec rêve depuis toujours d'avoir son propre bateau. Il est sûr de gagner celui de la tombola de la fête de la Mer. Hélas, il n'en est rien. Et la vieille dame qui a gagné le canot compte le mettre sur sa pelouse et le garnir de pétunias ! Alec ne peut laisser faire une telle horreur !

335 **Ma patrie étrangère** **Senior**
par Karin König, Hanne Straube, Kamil Taylan

Oya a grandi à Francfort et s'y sent chez elle. Ses parents décident un jour de rentrer en Turquie. Cette nouvelle bouleverse Oya qui ne pourra plus faire ses études d'infirmière. Et voilà que ses parents parlent déjà de fiançailles.

337 **Une fille im-pos-sible**
Les enfants Tillerman **Senior**
par Cynthia Voigt

À onze ans, Mina vit un rêve : un stage de danse classique. À douze ans, le rêve se brise. Son corps s'est transformé trop vite, et Mina maîtrise mal ce bouleversement. Meurtrie, elle s'interroge : seule Noire du groupe, n'est-ce pas la raison de son exclusion ? Mais Mina a de la volonté. Rien ne saurait l'arrêter, même pas le caractère d'oursin d'une certaine Dicey Tillerman.

341 **Accroche-toi Faustine** Senior

par Philippe Barbeau

À la suite d'une angine, Faustine apprend que ses reins ne fonctionneront plus. Elle sera dialysée. Les mois passent, Faustine supporte mal le traitement. Il faut envisager une greffe, l'attente est longue. Par chance, avec des amis elle fonde un groupe de rock. La vie reprend quelques couleurs.

346 **Le trésor de Grand-Pa** Junior

par Annie Murat

Le grand-père de Stéphane ne cesse de répéter qu'il possède un trésor si bien gardé que personne ne peut le lui voler. Mais Grand-Pa est malade. Stéphane et son amie Maruschka aperçoivent que quelqu'un a pénétré dans le chalet abritant les ruches. Maruschka décide alors de tendre un piège au voleur.

347 **Ouf ! pas de vacances cette année** Junior

par François Schoeser

Manu ne partira pas en vacances cet été. Tant mieux ! Car les parents sont adeptes des longues randonnées et des visites de musées interminables. M. Martin, un nouveau voisin, se présente comme un officier de renseignement en retraite, un ex-espion en somme. Suivant ses conseils éclairés, Manu va mener des enquêtes. Voilà qui promet un été passionnant.

353 **Samira des Quatre-Routes** Junior

par Jeanne Benameur

Samira, treize ans, habite dans la banlieue parisienne. Chez elle, tout le monde ne pense plus qu'au mariage de sa sœur de dix-huit ans. Samira ne comprend pas bien ce choix, elle qui veut poursuivre des études. Samira se sent déchirée, comment vivre sa vie sans trahir les siens ?

354 **Sundara, fille du Mékong** **Senior**

par Linda Crew

À treize ans, Sundara quitte le Cambodge pour échapper aux Khmers rouges. Elle laisse derrière elle les siens. Quatre ans plus tard, Sundara doit concilier sa nouvelle vie américaine, son amour pour Jonathan et les souvenirs qui l'attachent à son passé...

355 **Ce soir à la patinoire** **Senior**

par Nicholas Walker

Benjamin, quinze ans, se retrouve un peu par hasard partenaire attititré, en danse sur glace, de la pire pimbêche de sa classe. Que vont dire ses copains, eux pour qui seul le rugby est une activité virile ? Et il faut s'entraîner de plus en plus dur ! Même s'il est à couteaux tirés, ce duo ira !

362 **Sous la neige l'orchidée** **Junior**

par Patrick Vendamme

Claudia s'ennuie dans la luxueuse maison où elle est si souvent seule. Aussi son chien Mick tient-il une place importante dans sa vie. Un jour, il disparaît. En menant des recherches, Claudia rencontre un clochard bougon. Mais qui est cet homme ? Peu à peu, une complicité unit ces deux solitaires...

371 **Un cœur presque tout neuf** **Junior**

par Christine Arbogast

Christophe a un père merveilleux : il est inventeur ! Mais Papa est malade, il doit être opéré. Pendant son absence, la vie de la famille continue, et, lorsque le malade rentre avec un cœur presque tout neuf, il découvre que ses enfants ont de bonnes idées d'invention !

373 **Le testamour** **Senior**

par Marc, Isabelle et Véronique Soriano

En 1978, Marc Soriano est tombé gravement malade. Les textes rassemblés ici sont la correspondance qu'il échangea de son lit d'hôpital avec deux de ses filles. Magnifique dialogue poétique à trois voix, réflexions sur la vie, l'amour et la mort.

374 **Noria** **Senior**

par Jacques Delval

Un manège dans la tête : Médéric se sent responsable d'un accident survenu sur le manège où il travaille l'été. Il doit fuir loin, très loin, fuir pour se faire oublier... Noria : Noria aperçoit tracé sur une glace sans tain, son prénom qui s'étale en arabesques folles. Qui a taggué ainsi son prénom ? Serait-ce un message de son père dont elle ignore tout ?

375 **Zita Sol** **Junior**

par Simone Balazard

Zita Sol habite Paris avec sa mère, critique de rock. Lorsque son père américain vient lui rendre visite, ils parcourent la capitale. Zita décide de rencontrer les habitants de sa tour du XIIIe arrondissement et pour cela organise un club littéraire...

376 **Le chemin de Clara** **Junior**

par Marie-Sophie Vermot

Clara, dix ans, est une fille unique choyée. D'origine brésilienne, elle a été adoptée bébé. Aussi lorsque son père lui annonce que, contre toute attente, sa maman attend un enfant, elle le prend très mal. Heureusement que Simon, lui aussi adopté, l'aidera à comprendre que ses parents l'aiment toujours autant.

Castor Poche Connaissances

Une nouvelle série
à partir de 8/9 ans.

Castor Poche Connaissances
Des petits « poches » à lire d'un trait
ou à prendre et à reprendre.
Des textes pour stimuler la curiosité,
pour susciter l'envie d'en savoir plus.

Castor Poche Connaissances
En termes simples et précis,
des réponses à vos curiosités, à vos interrogations.
Des textes de sensibilisation
sur des notions essentielles.
Les premières clés d'un savoir.
Des sujets variés.
Le sérieux de l'information
allié à la légèreté de l'humour.
Un ton alerte et vivant.

Dans chaque ouvrage,
un sommaire et un index détaillés permettent
de se référer rapidement à un point précis.

C1 Bon pied, bon œil ! (Junior)

Notre santé

par Lesley Newson

Quels sont les moyens de défense et de reconstruction de notre organisme ? Que se passe-t-il à l'intérieur de notre corps lorsque nous avons la varicelle ? Ce guide concis et vivant nous permet d'en savoir plus sur les microbes, les virus, les bactéries et... sur nous-mêmes.

C2 Comme un sou neuf ! (Junior)

La bataille contre la saleté

par Lesley Newson

Qu'est-ce que la saleté ? Comment agissent le savon, les détergents ? Une approche, à la fois scientifique et vivante des questions d'hygiène, qui nous informe avec précision et humour, et nous aide à combattre la saleté sur notre corps, sur nos vêtements, dans nos maisons et dans nos villes.

C3 La marche des millénaires (Senior)

A l'écoute de l'Histoire

par Isaac Asimov & Frank White

Parce qu'il traîte autant des modes de vie et de l'évolution des techniques que des faits dits historiques, ce livre transforme le domaine parfois rebutant de l'Histoire en une matière vivante et attrayante. Les connaissances historiques sont mises en relation avec les grandes préoccupations d'aujourd'hui, et deviennent du coup captivantes.

C4 Sale temps pour un dinosaure ! (Junior)

Les caprices de la météo

par Barbara Seuling

Comment se forme un grêlon ? En quoi une tornade diffère d'un cyclone ? Quelle est la température la plus chaude jamais enregistrée sur terre ? Qu'est-ce que la foudre ? Mille informations sur le temps et la météorologie sont regroupées dans ce petit livre, qui dissipent les interrogations et ... éclaircissent notre ciel !

Cet
ouvrage,
le cinq cent
dix-huitième
de la collection
CASTOR POCHE,
a été achevé d'imprimer
sur les presses de l'imprimerie
G. Canale & C. S.p.A.
Borgaro T.se - Turin
en février
1996

Dépôt légal : septembre 1995.
N° d'Édition : 4109. Imprimé en Italie.
ISBN : 2-08-164109-7
ISSN : 1147-3533
Loi n° 49-956 du 16 juillet 1949
sur les publications destinées à la jeunesse